KB268788

아는 만큼 돈 버는

부동산 절세 전략

절세 전략

이상혁 지음

위즈덤하우스

아는 만큼 돈 버는 부동산 세금

누구나 세금을 적게 내고 싶어 한다. 지금까지 10년이 넘게 세금과 관련된 일을 하고 있지만, 세금을 많이 내고 싶다고 하는 사람은 한 번도 만나본 적이 없다.

그런데 세금을 적게 내고 싶어 하는 마음과는 달리 세금에 대한 지식의 차이는 매우 크다. 특히 은행에서 상담하면서 자산가들이 세금에 대해 웬만한 전문가 수준으로 알고 있는 것에 매우 놀랐다. 이미 충분한 자산을 가진 부자들은 자산을 유지하고 늘리기 위해 바뀌는 세금 정책 내용을 계속 업데이트하면서 관련 지식을 익힌다. 그에 반해 자산 형성을 막 시작한 직장인이나 평생 모은 자산으로 부동산을 구입하려는 은퇴 예정자들은 생각보다 세금에 관심이 없는 경우가 많았다.

사실 회사를 다니면 누구나 받는 연말정산은, 환급액을 더 받기 위해 노력을 하나 하지 않으나 돌려받는 환급액 차이가 그리 크지 않다. 하지만 부동산 관련 세금은 세금에 대해 충분히 아는 경우와 그렇지 않은 경우의 세금 차이가 상상을 초월한다. 적게는 수백만 원에서 많게는 수억 원의 차이가 날 정도다.

특히 작년에 발표된 8.2 부동산 대책으로 2018년도 4월 1일 이후 다주택자에 대한 양도소득세가 중과되면서 경우의 수는 더 많아졌고, 세금 차이도 더 커지게 됐다. 세금에 대해 모를수록 세금을 많이 내야 하는 시대가 된 것이다.

서점에 가보면 세금에 대한 많은 책들이 출간돼 있다. 그럼에도 한 권을 더하게 된 것에는 나름의 이유가 있다.

나는 세금과 관련된 일을 하면서 창과 방패의 역할을 모두 해봤다. 받아야 할 세금을 최대한 받아내야 하는 세무공무원은 창 역할을 한다. 어떤 부분이 약하고 잘 뚫리는지 정확히 알아야 합법적으로 세금을 받을 수 있다. 은행 사업부에서 일하면서는 방패 역할을 했다. 도움을 구하는 고객들이 최대한 절세할 수 있도록 그들을 보호해야 한다.

창과 방패로 일해 보면서 어떤 부분에서 실수하고, 어떤 부분을 놓치면 치명적인 결과가 나오게 되는지 알게 됐다. 세금에 대한 지식의 격차를 단기간에 줄이기는 어렵다. 하지만 치명적인 실수만 줄여도 그 격차를 많이 줄일 수 있다.

모르는 길을 가거나 갈림길을 만날 때 유용한 것이 지도다. 아주 세밀한 지도를 읽을 수 있다면 큰 도움이 되겠지만, 대략적인 거리와 방향만 정확하게 알아도 도움을 받을 수 있다. 이 책은 이제 막 부동산 세금에 대해 관심을 갖기 시작한 일반 독자들을 위해 최대한 쉽게 쓰려고 노력했다. 대부분 세금과 관련된 용어만 접해도 공부할 의지를 잃는다. 용어 자체가 생소하고 어렵게 느껴지기 때문이다. 그러나 이 책을 통해 자신의 상황에 적용할 수 있는 몇 가지 원리만 알면 큰 이득을 볼 수 있을 것이다.

올해 4월부터 다주택자들은 큰 갈림길을 만난 셈이다. 이제는 절세를 위해 주택임대사업자등록을 하느냐 하지 않느냐를 결정해야 하는 시기이기 때문이다. 혼란스러운 이 시기에 다주택자들은 어떤 선택을 해야 부동산 투자 수익률을 높일 수 있을지 상황에 따른 전략을 제시했다.

이 책이 일반세율의 시대에서 중과 시대로 변화하는 이 시기에, 집을 가진 사람과 가질 예정인 모두에게 어떤 길을 가야 할지 제시하는 지도 같은 책이 되었으면 한다.

책이 나오기까지 도움을 주신 분들이 많다. 같이 근무하는 김근호 센터장, 김기욱, 김태희, 박정국, 임경진, 이환주 세무사 및 최병호 회계사에게 많은 도움을 받았다. 특히 이 책을 구상하고 쓰는 동안에 지속적으로 의견을 교환하고 리뷰해준 동갑내기 친구 최병호 회계사에게 고마움을 전한다. 그리고 책을 쓸 수 있도록 용기를 준 채상욱 애널리스트, 책을 쓰는 동안 든든히 지원해준 위즈덤하우스의 이경희 과장께도 감사의 말씀을 전한다. 마지막으로 항상 헌신적인 지지를 보내주는 아버지께 존경과 감사의 마음을 전하고 싶다.

— 2018년 3월 이상혁

CONTENTS

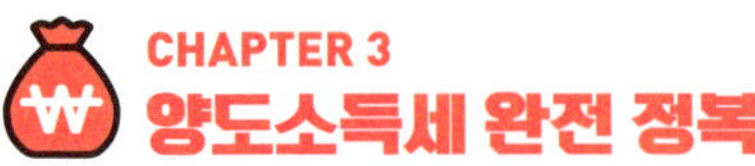

CHAPTER 5
주택임대사업자를 위한 절세 전략

부동산 투자 수익률, 세금이 결정한다

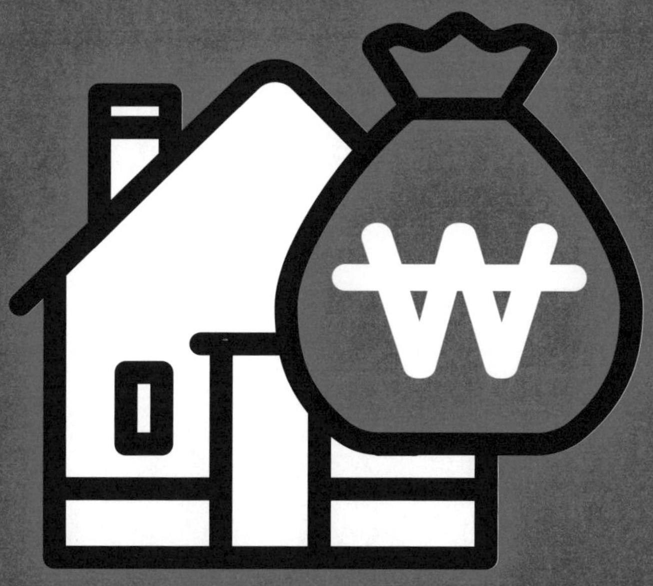

부동산 세금,
팔 때 생각하면 이미 늦다

공무원 생활을 할 때였다. 그때 만났던 납세자 중 아직도 기억나는 분이 있다.

'건설임대주택*'이라는 것이 있는데, 일반적으로 보유 기간이나 거주 기간의 제한 없이 비과세 혜택을 받을 수 있다고 알려진 주택이다. 이 납세자는 자신의 집인 건설임대주택을 팔았는데, 이 주택이 비과세 혜택을 받을 수 있다는 것을 알았기 때문에 따로 양도소득세 신고를 하지 않았다.

그런데 납세자가 하나 놓친 사실이 있었다. 건설임대주택의 비과세 조건이 있었는데 바로 '거주 기간 5년'이라는 조건이었다. 이는

> **건설임대주택**
> 임차인이 통상 5년 이상 임대주택으로 거주하고 분양받은 주택.

부동산 투자 수익률, 세금이 결정한다

세대주뿐 아니라 주민등록표상의 전 세대원이 5년을 거주해야 한다는 의미다. 그런데 납세자의 남편은 중국 회사에 취업하여 해외에 2년 이상 거주하던 중이었다. 남편을 제외한 가족들은 5년 이상 거주했지만, 남편이 해외에 있었기 때문에 결과적으로 전 세대원 거주 5년이라는 조건을 채우지 못한 채 (분양가였던 2억 원보다 1억 원이 오른) 3억 원에 집을 팔고 다른 집에 거주하고 있던 상황이었다.

사실 이 경우는 비과세 조건을 충족하지 못했으므로, 양도소득세를 신고해야 했지만 납세자는 이 내용을 정확히 알지 못했기 때문에 양도소득세를 신고·납부하지 않았고, 결국 세무서로부터 고지서를 받게 됐다.

이 건설임대주택은 분양 받은 후 바로 양도하였기 때문에 보유 기간이 1년 미만이었다. 그래서 주민세를 포함한 양도소득세율은 55%였고, 무신고가산세* 20%, 납부불성실가산세* 10.95%가 더 붙었다. 매매 차익으로 1억 원을 벌었는데, 세금을 무려 7,200만 원 이상 내야 했던 것이다.

압류할 재산이 없을 때는 세금 고지 후 5년이 지나면 세금이 소멸시효 완성*으로 없어지지만, 이 납세자는 새로 구입한 아파트가 있었기 때문에 그 아파트가 압류되면서 세금을 안

무신고가산세

납세해야 할 국세의 납세액을 기한 안에 신고하지 않은 데 대한 제재 조치로, 덧붙여서 부과하는 세금.

납부불성실가산세

세법의 규정에 의하여 자진 납부해야 할 세액을 납부하지 않거나 미달하게 납부한 때에는 그 세액의 자진납부불이행에 대한 제재로서 납부하지 않은 세액에 가산하여 징수하는 금액.

소멸시효 완성

일정한 권리를 가지는 자라도 상당 기간 그 권리를 행사하지 않는 경우에 권리에 대한 강제집행력을 부여하지 않는 제도. 따라서 소멸시효가 완성된 권리에 관해서는 채무자가 이에 대한 책임을 더 이상 부담하지 않음.

내고 버틸 수도 없었다.

납세자는 이 내용을 몰랐기에 세무서를 몇 번이고 찾아와 울면서 호소하고 조세 불복 절차*도 거쳤지만 결국 세금을 피할 수는 없었다. 몰랐다고 해서 세금을 안 낼 수는 없는 일이다.

이 납세자가 비과세 조건을 정확히 알았다면 1억 원의 수익을 남길 수 있었겠지만, 세금에 대해 제대로 알지 못했기 때문에 결국 (세금을 제외한) 2,800만 원의 수익밖에 남기지 못했다.

일반적으로 자산이 많은 부자들은 부동산 매각과 같은 의사결정을 할 때, 은행의 세무 전문가나 자신이 거래하는 세무사 등에게 복수로 확인받은 후 의사결정을 하기 때문에 이런 실수를 하는 경우가 드물다. 오히려 집 한 채가 재산의 전부이거나 평생 모은 돈으로 이제 막 자산을 늘리기 위해 첫 투자를 하는 분들이 이런 생각지도 못한 일을 겪고는 한다. 그래서 더욱 안타깝다.

부동산 투자에 있어 세금은 정말 중요하다. 특히 평범한 급여생활자들에게 집은 가장 큰 재산이기에 그렇다. 세금을 정확히 예측하지 못해 예상보다 많은 금액을 내고, 세금을 제외하고 남은 돈으로 매각한 가격대의 집을 사지 못하면 재산이 계속 줄어드는 것과 마찬가지다. 또 전문가의 도움을 받더라도 자신이 기본적인 내용을 알지 못하면 의사결정을 내리기가 쉽지 않다. 그러므로 집을 소유

부동산 투자 수익률, 세금이 결정한다

하고 있거나 소유할 예정이라면, 세금에 대한 기본적인 내용은 알고 있어야 한다. 결국 내 자산에 대한 의사결정을 하는 것은 자기 자신이기 때문이다.

앞으로 완전히 달라지는 부동산 세금 정책

2017년 8.2 부동산 대책이 발표되기 전에는 주택을 팔 때 ① 비과세가 적용되거나 ② 일반세율로 세금을 내는 경우만 있었다.

하지만 8.2 부동산 대책 발표 이후에는 같은 주택을 팔더라도 ① 비과세가 적용되는 경우 ② 1주택자이지만 비과세가 적용되지 않는 경우 ③ 2주택자가 파는 경우 ④ 3주택 이상 보유자가 파는 경우 등 네 가지 상황에 따라 세금이 모두 달라지게 됐다.

즉, 같은 집을 팔아도 누군가는 세금을 전혀 내지 않고, 또 누군가는 수익의 70%를 세금으로 낼 수 있다는 말이다. 왜 같은 상황인데 내야 하는 세금이 이렇게 다른 걸까.

부동산 투자 수익률, 세금이 결정한다

8.2 부동산 대책 이후 달라진 부동산 세금의 내용과 2018년 4월 1일부터 달라지는 부동산 세금에 대해 알아보자.

1세대 1주택 비과세에 거주 요건 2년이 추가됐다

8.2 부동산 대책 이후 조정대상지역에서 구입하는 주택의 경우, 무주택자라도 반드시 거주 기간 2년은 채워야 비과세가 적용된다. 실거주 목적이 아닌, 전세를 살면서 투자 목적으로 주택을 구입하는 경우라면 양도 차익에 대한 세후 수익률이 떨어질 수밖에 없는 상황이다.

무주택자나 1주택자라도 2년을 거주할 수 있는 주택을 구입해야만 비과세를 적용받을 수 있기 때문에 주택을 구입할 때 지역 선정에 주의해야 한다.

〔표〕 조정대상지역 및 투기과열지구, 투기지역 지정 현황

구분	조정대상지역	투기과열지구	투기지역
서울	전 지역(25개 구)	전 지역(25개 구)	강남, 서초, 송파, 강동, 용산, 성동, 노원, 마포, 양천, 영등포, 강서(11개 구)
경기	7개 시(과천, 성남, 하남, 고양, 광명, 남양주, 동탄)	과천, 분당	
기타	부산(해운대, 연제, 동래, 부산진, 남, 수영, 기장), 세종시	세종시, 대구 수성구	세종시

〔표〕 1세대 1주택 양도소득세 비과세 요건 개정 내역

	~2003.09.30	2003.10.1~ 2003.12.31	2004.1.1~	2011.6.3~ 2012.6.28	2012.6.29~ 2017.8.2	2017.8.3~
서울·과천· 분당· 일산·평촌· 산본·중동	3년 보유	3년 보유+ 1년 거주	3년 보유+ 2년 거주	3년 보유	2년 보유	2년 보유+ 2년 거주 (조정대상지역)
기타 지역	3년 보유					

자금 조달 계획을 세워야 한다

8.2 부동산 대책 이전에는 부동산 거래를 할 때 계약 당사자, 계약일, 거래가액 등만을 신고하면 됐다(부동산 거래 신고 등에 관한 법률에 따름). 그러나 8.2 부동산 대책 이후부터는 투기과열지구 내에서 3억 원 이상의 주택(분양권·입주권 포함)을 거래할 때 자금 조달 계획 및 입주 계획 등의 신고를 의무화했다.

국세청에서는 본인이 신고한 소득과 증여세 신고가 된 재산, 상속세 신고가 된 재산, 대출금 등을 자금 출처로 인정한다. 자금 출처가 부족한 사람이 본인의 자금 출처 범위 이상의 재산 취득과 소비 활동을 하는 경우에 초과하는 부분은 누군가로부터 증여받거나 본인의 소득을 줄여서 신고한 것으로 추정한다. 자금 출처가 부족한 상황에서 주택을 구입했다면, 주택을 팔아서 양도소득세를 내기도 전에 증여세부터 걱정해야 하는 상황이 올 수도 있다.

실제로 8.2 부동산 대책이 나온 이후, 국세청에서는 다섯 차례에 걸쳐 강남 재건축 단지를 중심으로 자금 출처 조사를 실시했다.

다주택자의 장기 보유에 따른 세금 절감 효과가 사라진다

모든 부동산은 물가 상승에 따라서 자연스럽게 일정 부분 가격이 상승하는 효과가 있다. 양도소득세를 계산할 때 이러한 자연 상승분을 제외시켜주는 것이 '장기보유특별공제'의 역할이다.

8.2 부동산 대책으로 2018년 4월 1일 이후 다주택자(조합원입주권 포함)가 조정대상지역 내의 주택을 매각하면 장기보유특별공제가 적용되지 않는다. 장기보유특별공제는 1세대 1주택자의 경우 최대 80%, 그 외의 경우 최대 30%까지 적용받는다. 앞으로 다주택자는 보유 기간에 따른 물가 상승분에 대해서도 양도소득세 부담을 해야 한다는 의미다.

〔표〕 장기보유특별공제 개정 내역

구분	~2018.12.31		2019.1.1~	
적용 대상 및 보유 기간	토지, 건물, 다주택	1세대 1주택	토지, 건물	1세대 1주택
3년 이상	10%	24%	6%	24%
4년 이상	12%	32%	8%	32%

5년 이상	15%	40%	10%	40%
6년 이상	18%	48%	12%	48%
7년 이상	21%	56%	14%	56%
8년 이상	24%	64%	16%	64%
9년 이상	27%	72%	18%	72%
10년 이상	30%	80%	20%	80%
11년 이상			22%	
12년 이상			24%	
13년 이상			26%	
14년 이상			28%	
15년 이상			30%	

주택 수에 따라 적용되는 세율이 다르다

다주택자(조합원입주권 포함)가 조정대상지역 내의 주택을 매도할 때는 장기보유특별공제 적용 배제와 함께 세율도 양도 차익에 따른 기본세율(6~42%)이 아닌 중과세율이 적용된다.

2주택자의 경우 '기본세율+10%', 3주택자의 경우 '기본세율+20%' 세율이 적용된다.

장기보유특별공제도 적용되지 않는 상태에서 중과세율까지 적용되면 2주택자에게는 (지방소득세까지 포함하여) 최고 57.2%, 3주택자에게는 최고 68.2%의 세율이 적용된다. 즉, 양도 차익의 대부분을 세금으로 납부해야 한다는 의미다.

참고로 과세표준이란 세금을 부과하는 기준이 되는 금액이고, 양도소득세에서는 양도가액과 취득가액의 차액인 양도 차익에서 장기보유특별공제를 적용한 금액이라고 이해하면 된다.

〔표〕 양도소득세율 개정 내역

과세표준	기본세율	2주택자	3주택자 이상
1,200만 원 이하	6%	16%	26%
1,200~4,600만 원	15%	25%	35%
4,600~8,800만 원	24%	34%	44%
8,800~1억5,000만 원	35%	45%	55%
1억5,000만 원~3억 원	38%	48%	58%
3억 원~5억 원	40%	50%	60%
5억 원 초과	42%	52%	62%

Summary

❶ 2017년 8월 3일 이후 조정대상지역에서 취득한 주택에 대한 비과세 적용을 받으려면 1세대 1주택이라도 2년 이상 거주해야 한다.

❷ 투기과열지구 내에서 3억 원 이상의 주택을 구입할 때는 반드시 자금 조달 계획을 신고해야 한다.

❸ 다주택자는 조정대상지역의 주택을 양도할 때 장기보유특별공제를 적용받을 수 없다.

❹ 조정대상지역의 주택을 양도할 때 2주택자는 '기본세율 + 10%', 3주택자는 '기본세율 + 20%'가 적용된다.

세금 공부가
투자 공부만큼
중요하다

상식적으로 생각하면 같은 돈을 벌 때 같은 세금을 내는 것이 맞는 것 같다. 아니면 적어도 비슷하게 내야 할 것이다. 근로소득이나 사업소득은 비슷하게 벌면 비슷한 세금을 낸다. 부양가족의 수나 각종 공제 항목에 따라서 조금씩 차이는 있지만 큰 차이는 없다.

그런데 같은 아파트를 같은 해에 비슷한 가격으로 구입해서 같은 해에 비슷한 가격으로 팔아도, 세금은 같지 않다. 같지 않은 정도가 아니라, 주택 수에 따라서 세금이 없을 수도 있고 양도 차익의 2/3 이상을 세금으로 낼 수도 있다.

투기지역으로 지정된 강남구, 서초구, 송파구, 강동구, 용산구, 성동구, 노원구, 마포구, 양천구, 영등포구, 강서구, 세종시의 대표 아파트들을 예로 들어, 세대별 주택 수에 따른 양도소득세 차이를 비교해보자.

같은 아파트를 같은 가격에 팔았는데 수익이 다르다고?

2012년 11월, 강남구 대치동 은마아파트 34평형의 시세는 8.6억 원이었고 이때 매수하여 5년 보유 후에 양도한다고 가정해보자. 그 당시에는 양도소득세 비과세를 위한 거주 요건이 없었지만 앞으로 거주 요건이 다시 적용되기 때문에, 1세대 1주택도 거주 요건을 채운 경우와 못 채운 경우로 나누어보고, 2주택자, 3주택자가 파는 경우로 다시 나누어서 비교해보겠다.

〔표〕 주택 수에 따른 양도소득세 부담의 차이

구분	1세대 1주택 (비과세)	1세대 1주택 (과세)	2주택자	3주택자
양도실거래가	1,600,000,000	1,600,000,000	1,600,000,000	1,600,000,000
취득실거래가	860,000,000	860,000,000	860,000,000	860,000,000
기타 필요 경비				
양도 차익	740,000,000	740,000,000	740,000,000	740,000,000
장기보유특별공제	296,000,000	296,000,000	적용 배제	적용 배제
양도소득금액	194,250,000	444,000,000	740,000,000	740,000,000

양도소득 기본공제	2,500,000	2,500,000	2,500,000	2,500,000
과세표준	191,750,000	441,500,000	737,500,000	737,500,000
양도소득세	53,465,000	151,200,000	348,100,000	421,850,000
지방소득세	5,346,500	15,120,000	34,810,000	42,185,000
전체 세부담액	58,811,500	166,320,000	382,910,000	464,035,000
세후 현금	1,541,188,500	1,433,680,000	1,217,090,000	1,135,965,000

▶ (단위: 원)

분명히 같은 시기에 사서 같은 가격에 팔았지만 세후에 남는 금액 차이는 크다.

똑같이 은마아파트를 팔아 7.4억 원을 벌어서, 누군가는 세금을 5,900만 원 내고, 누군가는 세금을 4억6,400만 원을 낸다. 모두가 열심히 부동산 투자 공부를 해서 같은 단지를 골라, 같은 가격에 구입했고, 매도 시점도 잘 선택하여 같은 양도 차익을 만들었지만, 세금을 내고 나니 수익이 4억 원 이상 차이가 나게 된 것이다.

이처럼 앞으로는 투자 가치가 높은 주택을 사는 것만큼 세금 공부가 중요하다. 세금을 절감해야만 투자 수익을 높일 수 있기 때문이다.

한눈에 살펴보는 양도소득세 차이

다음은 투기지역 내의 대표 아파트들의 양도 차익과 양도소득세의

부동산 투자 수익률, 세금이 결정한다

차이다. 5년 보유 후 양도했을 때의 차익은 다음과 같다.

〔표〕 아파트별 양도 차익

아파트(지역)	2017년 11월 가격	가격(매수 시점)	양도 차익(상승률)
은마 84m² (강남구)	1,600,000,000	860,000,000 (2012년 11월)	740,000,000 (86.05%)
반포자이 84m² (서초구)	1,750,000,000	1,140,000,000 (2012년 11월)	610,000,000 (53.51%)
잠실리센츠 84m² (송파구)	1,470,000,000	880,000,000 (2012년 11월)	590,000,000 (67.05%)
삼익그린2차 84m² (강동구)	790,000,000	519,000,000 (2012년 11월)	271,000,000 (52.22%)
옥수래미안리버젠 84m²(성동구)	970,000,000	550,000,000 (2013년 11월)	420,000,000 (76.36%)
상계주공7차 49m² (노원구)	420,000,000	250,000,000 (2012년 11월)	170,000,000 (68%)
래미안푸르지오 84m² (마포구)	990,000,000	730,000,000 (2015년 10월)	260,000,000 (35.62%)
당산래미안4차 84m² (영등포구)	950,000,000	650,000,000 (2012년 11월)	300,000,000 (46.15%)
목동신시가지5단지 65m²(양천구)	950,000,000	510,000,000 (2012년 11월)	440,000,000 (86.27%)
우장산힐스테이트 84m² (강서구)	840,000,000	530,000,000 (2012년 11월)	310,000,000 (58.49%)
아름동 대우푸르지오 10단지 84m²(세종시)	325,000,000	260,000,000 (2014년 11월)	65,000,000 (25%)

▶ (단위: 원)

해당 아파트를 5년간 보유했을 때의 수익률은 최소 25%에서 최고 86%이지만, 같은 아파트를 팔았다고 해서 세금까지 같은 것은 아니다.

보유 주택 수에 따른 양도소득세는 다음과 같다. 이처럼 1주택자라고 해도 거주 요건에 따라, 다주택자라면 주택 보유 수에 따라 세금이 달라진다는 것을 정확히 알아야 한다.

〔표〕 아파트별 주택 보유 수에 따른 양도소득세액

아파트(지역)	1주택(비과세)	1주택(과세)	2주택(중과)	3주택(중과)
은마 84m² (강남구)	58,811,500	166,320,000	382,910,000	464,035,000
반포자이 84m² (서초구)	51,923,457	132,000,000	308,550,000	375,375,000
잠실리센츠 84m² (송파구)	34,991,898	126,720,000	297,110,000	361,735,000
삼익그린2차 84m² (강동구)	–	45,581,800	120,428,000	149,963,000
옥수래미안리버젠 84m²(성동구)	1,800,201	96,995,800	199,100,000	245,025,000
상계주공7차 49m² (노원구)	–	21,917,500	67,100,000	85,525,000
래미안푸르지오 84m² (마포구)	2,299,500	86,295,000	114,620,000	142,945,000
당산래미안4차 84m² (영등포구)	460,263	52,855,000	135,740,000	168,465,000
목동신시가지5단지 65m²(양천구)	752,053	87,967,000	212,685,000	260,810,000
우장산힐스테이트 84m² (강서구)	–	55,363,000	141,185,000	175,010,000
아름동 대우푸르지오 10단지 84m²(세종시)	–	7,669,200	17,633,000	24,508,000

▶ (단위: 원)

부동산 투자 수익률, 세금이 결정한다

세금을
내지 않을 수
있을까?

세법상 인정되는 방법으로 세금을 적게 내는 것을 '절세(tax saving)'라고 하고, 세법상 인정되지 않는 방법으로 세금 부담을 줄이는 것을 '탈세(tax evasion)'라고 한다.

예를 들어 1층은 상가이고 2층은 주택인 겸용주택을 보유한 1세대 1주택인 납세자가 있다고 하자. 겸용주택의 경우, 상가보다 주택 면적이 조금이라도 더 크면 그 건물 전체를 주택으로 본다는 규정이 있다. 이를 이용하여 건물에 대한 주택 비과세를 받는 경우는 절세이지만, 세금을 적게 내기 위해 다운계약서를 작성한다면 탈세가 된다.

다운계약서를 작성해도 괜찮을까?

가장 흔한 탈세 방법이 바로 다운계약서 작성이다. 다운계약서란 원래 거래 가격보다 낮은 가격으로 계약서를 작성하는 이중 계약서의 형태를 말한다. 매수자가 주택을 살 때 약간의 할인을 받는 조건으로 다운계약서 작성에 협조할 수 있지만, 매수자가 나중에 양도할 때는 다운계약서를 작성했기 때문에 양도 차익이 커져 세금이 느는 것을 피할 수 없다.

이럴 때 매수자는 세무서에 양도소득세를 신고할 때, 실은 작성했던 계약서가 다운계약서였고 실제로는 더 비싼 가격에 샀다고 자진 신고할 수 있다. 다운계약서를 작성할 때 보통은 실제 계약서 하나, 세무서 신고용 다운계약서 하나 이렇게 두 개의 계약서를 작성하지만, 하나의 계약서만 작성했어도 실제 차액에 대해서는 영수증을 작성하기 때문에 그것을 금융증빙 등과 함께 제출한다면 실거래가액을 인정받을 수 있다.

이럴 경우, 국세부과의 제척기간이 지나기 전이라면 다운계약서상의 가격으로 신고했던 전(前) 매도자는 신고불성실가산세* 40%와 1년에 10.95%씩 붙는 납부불성실가산세를 부담한다. 또 지방자치단체에서도 부동산 등 취득가액의 5% 이하에 해당하는 과태료를 부과하게 된다(부동산 거래신고 등에 관한 법률에 따름).

○ **신고불성실가산세**
신고해야 할 소득금액에 미달하게 신고한 때에 부과하는 가산세.

물론 매수자가 팔 때 1세대 1주택 비과세에 해당하면 무사히 지나갈 수도 있다. 그런데 현재는 다운계약서 작성에 협조한 매수자가 1세대 1주택에 해당하더라도 다운계약서를 쓴 사실이 드러나면 비과세 혜택을 받지 못하기 때문에, 비과세에 해당하는 매수자라도 다운계약서 작성에 협조할 가능성이 예전보다 낮아졌다.

다운계약서 작성은 사기나 기타 부정한 행위에 해당하여 국세부과의 제척기간이 10년에 해당한다.

🧮 TIP 국세부과의 제척기간과 소멸시효

세법에서는 일정한 기간 안에만 세금을 부과할 수 있도록 하고 그 기간이 지나면 세금을 부과할 수 없도록 하는데, 이를 '국세부과의 제척기간'이라고 한다. 제척기간은 일반적으로 5년이지만 최장 15년까지 늘어날 수도 있다. 제척기간은 소멸시효와 달리 리셋(reset)되는 일이 없다.

일반적으로 상속세와 증여세의 제척기간은 10년이고, 무신고하거나 사기나 기타 부정행위로 세금을 내지 않은 경우에는 15년이 적용된다. 상속세와 증여세 외의 세금은 신고한 경우에는 5년, 무신고한 경우는 7년, 사기나 기타 부정한 행위로 세금을 내지 않은 경우에는 10년이 적용된다. 그런데 양도소득세의 경우, 확정신고 기한의 다음 날부터 기간을 계산한다(확정신고 기한이 양도한 해의 다음 해 5월 31일까지이므로, 다음 해 6월 1일부터 기간을 따진다).

국세청에서 제척기간 내에 세금고지서를 보내고, 납세자에게 재산이 없는 등의 이유로 세금을 받을 수 없어 체납세금이 되면 5년(5억 원 이상 10년)이 지나면 소멸시효가 완성되어 세금을 더 이상 징수할 수 없다. 하지만 5년이 지나기 전에 재산 등이 발견되어 압류 등의 조치를 취하면 다시 소멸시효는 경과한 기간이 리셋되며, 압류 등이 해제된 날로부터 5년이 다시 경과해야 소멸시효가 완성된다.

오피스텔 전입신고를 하지 않아도 괜찮을까?

오피스텔은 다른 부동산 투자와 달리 가격 상승이 제한적인 경우가 많아서 매매 차익보다는 월세 수입을 목적으로 분양받는 경우가 많다.

그런데 오피스텔도 거주 목적으로 사용하면 주택 수에 포함되기 때문에 세입자와 계약할 때 임대인이 임차인의 전입신고를 금지하는 조건으로 계약하는 경우가 있다. 월세 수입을 얻고 싶지만, 임차인이 주거용으로 사용하여 임대인의 주택 수가 늘면 양도소득세 비과세 혜택을 받지 못할 수 있기 때문이다.

그런데 임차인이 전입신고를 하지 않으면 오피스텔이 주택 수에서 제외될 수 있을까. 이것도 결론부터 말하자면 가능성이 낮다. 그 이유를 살펴보자.

오피스텔은 사무실로 사용될 때만 주택 수에서 제외된다. 그런데 사무실을 운영하는 사람들 대부분은 사업자등록증을 가지고 있다. 사무실로 쓰이는 오피스텔에는 사업자번호가 2개 이상으로, 1개는 임대인의 사업자등록증 또 하나는 임차인의 사업자번호다. 국세청에서는 이 사업자번호를 통해 오피스텔의 용도를 금방 가려낼 수 있다.

그리고 연간 급여 7,000만 원 이하의 직장인이 월세(오피스텔 포함)를 내는 경우 월세액(750만 원 한도)의 10%(연봉 5,500만 원 이하

12%)를 세액공제를 받을 수 있기 때문에 전입신고 금지를 조건으로 계약해도, 집주인 몰래 전입신고를 하는 경우도 늘고 있다. 또 2016년 성남시에서 관내 오피스텔에 대해 거주 여부를 전수조사한 적이 있음을 참고해야 한다.

갈수록 탈세가 어려워지는 이유

여기까지 읽고서도 탈세할 방법이 있을 것이라고 생각한다면 빨리 포기하라고 권하고 싶다. 우리나라에서 가장 많은 개인정보를 가지고 있는 정부기관이 바로 국세청이다. 소득이 있는 사람에 대한 수많은 자체 정보를 가지고 있다. 거기에 다른 행정기관이 가지고 있는, 세금을 걷는 데 도움이 되는 정보도 '과세자료의 제출 및 관리에 관한 법률'에 따라 제공받고 있다. 주요 자료로는 국방부의 병역 자료, 행정안전부의 확정일자 자료 등이다.

이것만으로도 충분할 텐데 여기에 금융정보분석원의 자료까지 활용한다. 2,000만 원 이상 현금을 은행 등에서 인출하면 그 내용에 대해 보고받는 기관이 금융정보분석원이다. 원래 많은 자체 자료를 가지고 있고 거기에 외부 정보까지 더해지니 국세청의 능력이 점점 커질 수밖에 없다.

예전에는 편의점 아르바이트를 하던 학생이 군대에 입대한 후에,

실수나 고의로 아르바이트생의 주민등록번호를 일용근로소득을 지급한 대장에 올려도 사실 여부를 알 수 없었다. 하지만 이제는 바로 세무서로부터 입대한 아르바이트생의 일용근로소득신고를 다시 하라는 전화를 받게 된다.

또 다른 예를 들자면 전·월세 소득에 대해 국세청에 자진 신고하지 않아도 국세청은 행정안전부에서 받은 확정일자 자료를 통해 주택임대소득을 이미 파악하고 있다. 아직까지 한 번도 전·월세 소득을 신고한 적도, 세금고지서를 받은 적도 없다고 기뻐할 것 없다. 왜냐하면 국세청에서 매번 고지서를 보내지는 않기 때문이다. 제척기간이 남아 있다면 한 번에 모아서 보내야 국세청 입장에서는 품도 덜 들고, 가산세도 더 많이 걷을 수 있다.

최근 발표한 국세청 보도자료에 따르면 국세청이 가지고 있는 과세 자료의 수가 6천억 건에 이른다고 한다. 거기에다 2019년에는 이러한 과세 자료를 활용하기 위한 빅데이터센터를 건립하겠다고 발표했다.

이렇게 점점 커지는 국세청 빅브라더의 손길에서 벗어나기가 쉬울까. 당연히 어렵다. 그러니 탈세는 꿈도 꾸지 말고, 최대한 절세하는 것을 목표로 하자.

부동산을 팔기 전에 세금 플랜부터 세워라

많은 납세자들과 상담할 때 가장 안타까운 순간은 이미 의사결정을 한 후에 질문을 할 때다. 이미 일이 벌어진 후에는 세무 전문가라고 해도 해줄 수 있는 것이 거의 없다. 가장 절세를 많이 할 수 있는 순간은 의사결정을 하기 전이다. 부동산은 팔기 전에 세금에 대해 고민해야 가장 큰 절세 효과를 누릴 수 있다.

한번은 고객과 양도소득세 관련 상담을 한 적이 있다.

그 고객은 1970년도에 구입한 서초구 반포동 토지에 1994년도에 다가구주택을 지어서 23년 동안 보유하다가 40억 원에 양도했는데, 잔금일을 일주일 남기고 양도소득세가 얼마나 나올지 궁금해서 문의하러 왔다.

이 고객은 다가구주택 외에 (거주하고 있던) 분당의 아파트 한 채를 더 보유하고 있었다. 반포동 다가구주택의 취득가액은 토지 구매 금액 250만 원(평당이 아닌 전체 구입 가격이다), 건물을 짓는 데 2억 원 정도가 들었고 40억 원에 양도하게 되어 실제 양도 차익이 매우 컸고, 분당의 아파트는 구입한 시점보다 가격이 1억 원 정도 오른 상태였다.

만약 이 고객이 분당의 아파트를 먼저 판 후에 전세로 거주하면서 반포동 다가구주택을 팔았다면, 다가구주택에 대한 비과세를 받을 수 있었겠지만 양도하는 순서를 반대로 하여 양도소득세의 차이가 5억 원 넘게 발생했다. 계약하기 전에 상담을 받았더라면 5억 원 이상을 절약할 수 있었을 것이다.

어떤 세금 전문가와 상의해야 할까?

세금이라면 그저 어렵게만 느껴지는 일반인들은 당장 누구에게 물어봐야 할지 난감해한다. 국세청이나 세무서에 근무하는 세무공무원에게 물어봐야 할까 아니면 세무사나 회계사와 같은 세무대리인에게 물어봐야 할까.

물론 양쪽 모두 세금 전문가이지만 세무공무원에게 물어보자니 왠지 잘못 물어봤다가는 불친절한 답변을 들을 것 같고, 세무대리

부동산 투자 수익률, 세금이 결정한다

인에게 묻자니 수수료가 많이 들까 봐 염려가 되는 게 사실이다.

예전에는 사실 국세청에 직접 전화하여 세금에 대해 물어보는 것을 상상할 수 없었지만, 요즘은 그렇지 않다. 세무서나 126번 국세상담센터로 전화해서 물어볼 수도 있고. '홈텍스(www.hometax.go.kr)'를 통해 인터넷으로 질문할 수도 있다.

하지만 주의해야 할 점이 있다. 세무공무원에게 얻은 답변에는 법적 효력이 없다는 점이다. 공무원의 답변은 행정서비스 차원으로 봐야지 이것에 법적 효력이 있다고 생각하면 안 된다. 다시 말해 세무공무원의 안내를 받고 신고하더라도 신고 자체에 문제가 있으면 그 책임은 납세자가 져야 한다. 법적 효력이 있는 답변을 받으려면 국세청 법규과에 서면으로 질의해서 답변을 받는 게 좋다.

나도 세무서에서 근무하는 동안 많은 상담 전화를 받아봤다. 그런데 솔직히 말하자면 아무래도 세금을 걷는 데 주력하다 보니 절세에 있어 적극적으로 질문자와 함께 고민하지는 못했던 것 같다. 그저 억울한 일이 안 생기는 수준에서 답변을 했던 기억이 있다.

그렇기 때문에 좀 더 적극적인 상담을 원한다면 세무대리인과 상담하는 편이 낫다. 세무 상담 비용은 보통 30분 기준으로 5만 원 정도로, 상담 후 신고 등을 맡긴다면 보통 신고수수료에서 상담수수료를 제외시켜주는 게 일반적이다.

상담수수료가 부담된다면 서울시와 일부 지자체 등에서 운영하는 마을 세무사 제도를 이용하여 무료 상담을 받을 수도 있다.

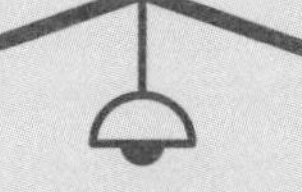

가장 만나기 쉬운 전문가, 국세청

부동산 관련 세금을 상담하고 싶을 때, 꼭 세무사나 회계사를 만나야 할 필요는 없다. 세무사를 직접 만나야 한다는 부담 때문에 인터넷상의 정확하지 않은 정보에 의지하는 경우가 많은데, 전화나 인터넷을 통해 국세청에 직접 상담하면 빠르고 정확하고 답변을 얻을 수 있다. 누구에게나 열려 있는 곳이니 궁금한 점이 있다면 부담 없이 이용하기를 바란다.

1. 전화 상담

전국 어디서나 126번으로 전화하면 자동응답시스템(ARS) 안내에 따라서 상담받을 수 있다. 부동산 세금 외의 일반 세금에 관한 내용도 문의할 수 있다.

2. 인터넷 상담

홈텍스 홈페이지에서 세금에 관한 궁금한 점을 물어볼 수 있다.

▶ **홈텍스 접속 → 상담/제보 → 상담사례검색 → 인터넷상담 질문하기**

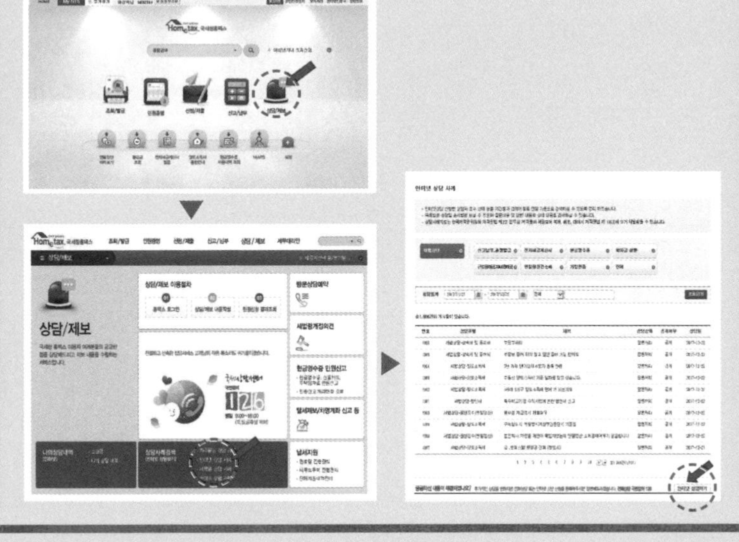

CHAPTER 2

부동산 세금 이렇게 쉬웠어?

부동산의 생로병사와 함께하는 세금

부동산은 다른 재화와 달리 공급량을 조절하는 데 굉장히 많은 시간이 소요된다. 아파트 공급량을 늘리려면 최소한 3년 이상 걸린다. 경기에 미치는 영향이 큰 만큼 정부에서는 부동산 경기가 과열되는 것도, 냉각되는 것도 꺼린다. 그래서 여러 가지 방법으로 부동산이 경기에 미치는 영향을 최소화하려고 노력하는데, 그 방법 중 하나가 바로 세금이다.

다른 재화들에 비해서 부동산에는 내야 할 세금이 유달리 많다. 부동산의 생로병사에 따라 내야 할 세금을 순서대로 살펴보자.

생生 : 취득세

부동산에 있어 태어난다는 것은 등기부등본상에 소유자의 이름을 기재할 때라고 볼 수 있다. 일반적인 물건과 달리 부동산은 취득할 때 취득세를 내야 한다. 예전에는 등록세와 취득세가 따로 있었으나 지금은 취득세로 단일화됐다.

취득세는 부동산뿐만 아니라 자동차, 기계장치, 비행기, 선박 등을 구입할 때도 내고, 골프회원권, 콘도회원권 등을 구입할 때도 내야 한다.

취득세 중에 가장 많이 접하게 되는 주택 취득세는, 매매가 6억 원 이하일 때 취득가액의 1%를 부과한다. 여기에 주택의 전용 면적이 85m² 이하라면 지방교육세 0.1%가 추가로 붙고, 85m² 초과라면 지방교육세 0.1%와 농어촌특별세 0.2%가 추가로 붙는다.

주택의 취득세율은 주거 안정이라는 정책의 목표가 있기 때문에 상가 등의 취득세율보다 낮다. 주택의 취득세율은 면적과 가격에 따라 다음과 같다.

〔표〕 유상 매매 거래의 주택 취득세율

주택 신고 가격	85m² 이하 (지방교육세 및 농어촌특별세 포함)	85m² 초과 (지방교육세 및 농어촌특별세 포함)
6억 원 이하	1.1%	1.3%
9억 원 이하	2.2%	2.4%
9억 원 초과	3.3%	3.5%

그런데 취득세는 유상으로 매매하는 경우 외에 증여나 상속을 받을 때도 부담해야 한다.

〔표〕 주택 유상 거래 외 부동산의 취득세율

구분	세율(지방교육세 및 농어촌특별세 포함)
상속(농지)	2.56%
상속(농지 외)	3.16%
무상취득(증여)	4%
원시취득(보존등기)	3.16%
유상취득(농지)	3.4%
유상취득(상가 등)	4.6%

취득세율에 대해 살펴보았으니 중요한 점을 한 가지 짚고 가자. 세금을 부과할 때 기준이 되는 것을 '과세표준'이라고 한다. 부동산을 취득할 때 과세표준으로 삼는 기준은 두 가지가 있다. 하나는 실거래가이고, 나머지는 시가표준액*이다

유상 거래인 매매의 경우, 실거래가를 기준으로 취득세율을 곱해서 취득세를 계산하고, 상속이나 증여의 경우, 가격을 지불하고 취득한 것이 아니므로 시가표준액(기준시가)을 기준으로 취득세를 계산한다.

예를 들어 8억 원을 주고 전용면적 85m² 이하의 아파트를 구입

○ **시가표준액**

공시지가(토지), 공동주택공시가격(아파트 등), 개별주택공시가격(단독주택 등) 등을 통칭하여 지방세법에서는 시가표준액이라고 부르고, 다른 세법에는 기준시가라고 부른다. 시가표준액과 기준시가는 같은 뜻이라고 봐도 무방하다.

부동산 세금 이렇게 쉬웠어?

하면 8억 원(아파트 가격) × 2.2%(취득세율) = 1,760만 원의 취득세를 부담해야 한다.

그런데 이 아파트를 아버지께 무상으로 받는다고 가정하면 취득세는 이 아파트의 공동주택 공시가격에 무상 취득 시의 세율 4%를 곱해서 계산해야 한다. 일반적으로 공동주택 공시가격은 시가의 60~70% 사이에 머문다. 공동주택 공시가격이 5억 원이라면 취득세는 5억 원(아파트 가격) × 4%(증여세율) = 2,000만 원이다.

아파트는 매달 국토교통부에서 실거래가를 발표하기 때문에 시가를 알 수 있지만, 증여나 상속과 같은 무상 취득 시에는 실제 거래가 일어난 것이 아니므로 공시가격을 기준으로 취득세를 계산한다. 왜냐하면 지방세법 제10조 제2항에서 '취득 당시의 가액은 취득자가 신고한 가액으로 하지만 신고 또는 신고가액의 표시가 없거나 그 신고가액이 제4조에서 정하는 시가표준액보다 적을 때에는 그 시가표준액으로 한다'고 규정하고 있기 때문이다.

물론 아파트의 경우, 국세청에 상속 재산이나 증여 재산을 평가해서 신고할 때는 매매사례가액이라고 해서 같은 단지 내에 같은 평형의 거래 가격을 기준으로 신고해야 한다.

복잡한 이야기를 길게 했지만 취득세의 경우, 유상 매매를 할 때는 실거래가 기준으로 세율을 적용하고 상속이나 증여를 할 때는 시가표준액을 기준으로 적용한다는 것만 기억하면 된다.

주택 이외에 상가 등을 구입할 때는 부가가치세도 부담해야 한다. 부가가치세는 상가를 취득할 때뿐만 아니라 보유나 양도할 때도 계속 따라다니는 세금이다. 하지만 사업자등록을 하지 않는 주택을 구입, 보유, 양도할 때에는 크게 신경 쓰지 않아도 되므로 여기서는 깊이 다루지 않겠다. 부가가치세에 대해서는 관심이 있다면 '상업용 부동산 투자자라면 꼭 알아야 할 부가가치세'를 참고하자.

로勞: 종합소득세

부동산이 일을 한다는 것은 부동산 임대소득이 발생한다는 뜻이다.

부동산을 가지고 있다는 것은 무엇을 의미할까. 일반적으로는 토지와 그 위에 건물을 소유하고 있다는 뜻이다. 그러면 토지와 건물 중 무엇이 돈을 벌어다줄까. 이는 임차인이 사용하는 것이 무엇인지 생각하면 간단하다.

일반적으로는 토지주와 건물주가 같다. 하지만 만약 토지주와 건물주가 다르다면 임차인은 임차료를 건물주에게 줘야 한다. 임차인은 건물을 사용하는 것이지, 토지를 사용하는 것은 아니기 때문이다. 그러면 토지주는 누구에게 돈을 받아야 할까. 건물주에게 토지 사용료를 받으면 된다. 그래서 부동산이 일을 한다는 의미는 건물 사용료를 받는 것으로 생각하면 된다.

참고로 일하지 않는 땅, 즉 토지 위에 건물이 없는 대지를 '나대지'라고 하는데, 나대지는 비사업용 토지로 구분된다. 토지도, 주택도 각각의 역할이 있는데 일하지 않는 나대지는 그 역할을 다하지 않는 것으로 보아 더 많은 세금이 부과된다.

부동산 임대소득은 사업소득으로 분류된다. 예전에는 사업소득과 별개로 분류됐지만, 지금은 사업소득으로 분류된다. 부동산을 임대해서 소득이 발생하면 근로소득이나 다른 사업소득, 2,000만 원 이상의 금융소득 등과 합산하여 종합소득세를 계산한다.

상가 임대에서 발생하는 소득은 월세와 보증금에서 발생하는 간주임대료* 모두에 과세되고, 주택에서 발생하는 임대소득은 월세와 간주임대료가 주택 수에 따라 과세되는 것도 있고, 비과세가 되는 것도 있다.

그리고 부동산을 법인 명의로 가지고 있는 상태에서 임대소득이 발생하면 법인세를 내야 한다. 법인세율은 종합소득세율의 절반에 불과하지만 꼭 법인이 유리한 것만도 아니다. 법인세에 대해 자세히 알고 싶다면 '법인사업자는 정말 세금을 적게 내나?'를 참고하도록 하자.

병並: 재산세, 종합부동산세

보유세는 재산세와 종합부동산세를 통칭하는 것으로, 최근 보유세에 대한 관심이 높다. 부동산을 보유하면 반드시 내야 하는 재산세와 종합부동산세에 대해 정확히 알아보자.

1) 재산세

부동산과 함께하려면, 즉 보유하려면 재산세와 종합부동산세를 내야 한다.

부동산과 함께하는 시간 중 가장 중요한 날은 바로 6월 1일이다. 부동산이 6월 1일 시점에서 누구의 소유인지의 여부에 따라 재산세와 종합부동산세 고지서를 받는 사람이 달라지기 때문이다. 예를 들어 5월 31일까지 부동산을 소유하고 있다가 6월 1일에 소유권을 이전하면 재산세는 새로 소유권을 이전받은 사람이 내야 한다. 반대로 6월 1일까지 가지고 있다가 6월 2일에 부동산의 소유권을 이전하면 등기가 넘어갔어도 7월과 9월에 재산세 고지서는 나에게 날아온다.

소유권이 이전되는 날짜의 기준은 등기일과 잔금을 치르는 날 중 빠른 날이다. 따라서 부동산을 파는 입장이라면 6월 1일 이전에 잔금을 치르는 편이 낫고, 부동산을 사는 입장이라면 6월 1일 이후에 잔금을 치르는 편이 유리하다.

재산세가 부과되는 과정에 대해 살펴보자. 매년 4월 30일에 주택 공시가격이 발표되고, 매년 5월 31일에 토지공시가격이 발표가 된다. 재산세는 공시가격을 기준으로 하여 주택, 건축물, 종합합산 과세대상토지(비사업용 토지), 별도합산 과세대상토지(사업용 토지)로 구분하여 계산된다.

이렇게 계산된 재산세는 1년에 두 번, 7월과 9월에 6월 1일 시점의 부동산 명의자에게 고지된다. 7월에는 주택 부분의 1/2과 상가 등의 건물분 재산세를 내야 하고, 9월에는 주택 부분의 1/2과 상가 등의 토지분 재산세를 내야 한다.

그런데 재산세는 사실 세율이 1%도 되지 않는 세금이고, 그마저도 시가 기준이 아닌 (시가의 60% 수준인) 시가표준액을 기준으로 한다. 여기에서 다시 재산세 부담을 줄여주기 위해 시가표준액에 공정시장가액 비율*을 곱한 금액을 과세표준으로 재산세가 부과된다. 그렇기 때문에 상대적으로 세금 부담이 크지 않다.

〔표〕 시가와 시가표준액, 재산세 과세표준액의 예시

	시가	시가표준액	공정시장가액 비율	재산세 과세표준
주택	650,000,000	395,000,000	60%	237,000,000
토지 및 건축물	1,000,000,000	650,000,000	70%	455,000,000

▶ (단위: 원)

　한번은 해외 교민 세미나를 위해 캐나다 밴쿠버를 방문한 적이 있다. 그때 현지 신용협동조합에서 걸어놓은 플래카드에 "재산세 대출 상담 환영합니다"라고 써진 것을 보고 놀란 적이 있다. 캐나다는 우리나라와 달리 시장 가격에 가까운 공시가격을 기준으로 재산세를 부과하고, 세율도 우리나라에 비해서 상대적으로 높아서 재산세 부담이 꽤 큰 편이다. 그래서 재산세를 내기 위한 대출이 존재했던 것이다.

　물론 우리나라의 재산세 부담이 큰 편은 아니어도 절세할 방법이 있으면 좋을 것이다. 그런데 거의 모든 세금에 있어 절세 효과를 주는 공동명의조차 재산세에는 힘을 쓰지 못한다. 왜냐하면 주택과 건물분 재산세는 부부 공동명의를 하더라도 부부 각각의 지분별로 재산세가 부과되는 게 아니라 부부의 지분을 합쳐서 1개 물건별로 개별 과세하고, 토지분 재산세는 개별토지별로 재산세를 내는 것이 아니라 시·군·구청 지방자치단체별 지역 내에 개인이 가지고 있는 토지를 합산해서 계산하기 때문이다.

　위의 표에 소개한 주택을 예로 들자면, 부부 공동명의로 50 대 50으로 보유해도 재산세 과세표준은 118,500,000원(237,000,000×50%)을 기준으로 부부 각각에게 재산세가 고지되는 것이 아니라, 부부의 지분을 합친 주택 전체의 재산세 과세표준인 237,000,000원을 기준으로 부과된다는 의미다. 토지분 재산세도 (지자체별로) 개인이 가지고 있는 토지를 모두 합쳐서 부과하기 때문에 공동명의를 통

부동산 세금 이렇게 쉬웠어?

해서 과세표준을 낮추는 효과가 희석된다.

따라서 재산세는 고민하지 말고 고지서를 받는 대로 잘 납부하자. 특히 납부 날짜가 하루만 늦어도 고지세액의 3% 가산세가 붙는다는 점을 기억하는 게 중요하다.

2) 종합부동산세

함께하는 부동산들이 많아질수록 진짜로 걱정해야 하는 세금은 바로 종합부동산세다. 종합부동산세의 과세 기준일도 재산세와 마찬가지인 6월 1일이다.

종합부동산세는 일정 기준을 초과하는 부동산 보유자에게 부과되는 세금인데, 1차적으로 시·군·구청에서 자기 관내의 부동산 소유자 모두에 대하여 재산세를 과세하고, 2차적으로 국가에서 국내에 있는 부동산의 공시가격을 인별로 합산하여 일정 금액을 초과하는 부동산 소유자에 대해 종합부동산세를 고지한다.

종합부동산세의 과세 대상은 주택(부속토지 포함), 종합합산토지(나대지 등), 별도합산토지(일반건축물의 부속토지 등)로 구분이 된다. 종합부동산세는 재산세와 달리 주택과 토지만 대상이 된다는 점이 특이하다. 그리고 종합합산토지와 별도합산토지의 구분은 나중에 살펴보겠지만, 양도소득세를 계산할 때 사업용 토지와 비사업용 토지의 구분 방법과 거의 동일하다.

종합부동산세는 재산세를 부과한 후 다시 종합부동산세를 부과하기 때문에 동일한 세원(稅源)에 대해 중복하여 세금을 부과하는 이중과세가 될 수 있다. 그래서 종합부동산세를 계산할 때는 이미 납부한 재산세만큼의 금액을 공제해준다.

종합부동산세는 부동산을 유형별로 구분하여 인별로 전국 합산한 공시가격이 다음의 금액을 초과하는 경우에만 과세된다.

〔표〕 종합부동산세 면세점

구분		면세점
주택	인별 전국 합산	6억 원(1세대 1주택자 9억 원)
종합합산토지(나대지, 잡종지 등)		5억 원
별도합산토지(일반 건축물의 부속토지 등)		80억 원

종합부동산세는 인별 과세이기 때문에, 재산세에서는 절세 효과가 없었던 공동명의가 여기서 그 힘을 발한다. 예를 들어 1세대 1주택자가 단독명의로 주택을 가지고 있을 때 공시가격이 9억 원을 넘으면 종합부동산세를 내야 하지만, 부부 공동명의라면 1인당 공시가격인 6억 원씩을 합친 12억 원을 넘어야만 종합부동산세를 부담한다.

다음의 표에서 보듯이 기준시가 12억 원인 주택의 재산세는 단독명의와 공동명의의 차이가 없지만, 종합부동산세에서는 큰 차이를 보인다. (재산세는 표준세율로 계산했으며, 지방교육세 등은 고려하지 않은 계산이다.)

	단독명의	공동명의	
기준시가	12억 원	6억 원(12억 원×50%)	6억 원(12억 원×50%)
재산세	2,250,000원	2,250,000원	
종합부동산세 (농어촌특별세 포함)	1,497,600원	종합부동산세 부담 없음	종합부동산세 부담 없음

재산세 부분에서 한 번 본 적이 있는 공정시장가액 비율도 종합부동산세에 적용된다. 과세표준은 부동산 종류별로 다음과 같이 계산한다.

〔표〕 종합부동산세 과세표준

과세 대상	과세표준	공시가격 기준
주택	(주택 공시가격을 인별로 전국 합산한 가액-6억 원)×80%	주택공시가격
종합합산토지	(토지 공시가격을 인별로 전국 합산한 가액-5억 원)×80%	개별공시지가
별도합산토지	(토지 공시가격을 인별로 전국 합산한 가액-80억 원)×80%	개별공시지가

인별로 종합부동산세를 계산할 때 전국 합산에서 빠지는 주택이 있다. 수도권 6억 원(지방 3억 원) 이하의 공시가격을 갖는 주택 중 주택임대사업자 등록을 한 주택은 합산되지 않는다. 그런데 6월 1일 기준으로 임대사업자 등록이 돼 있어야만 합산되지 않는다는 점을 주의해야 한다. 종합부동산세는 매년 12월 1~15일에 납부한다.

사(謝): 양도소득세, 증여세

사람이든 부동산이든 인연이 다하면 헤어져야 할 때가 오기 마련이다. 부동산을 남에게 보내야 할 때 내야 하는 세금이 양도소득세와 부가가치세이고, 자녀나 배우자에게 보낼 때 내는 세금이 증여세다. 사람도 잘 만나는 것만큼 잘 헤어지는 것이 중요하듯이, 부동산과도 잘 헤어지려면 세금에 신경 써야 한다.

1) 양도소득세

부동산을 산 가격보다 비싸게 팔면 양도 차익이 발생한다. 양도소득세는 양도 차익에서 공인중개사 수수료 및 세금 신고 수수료 등 기타 비용을 차감한 후, 장기 보유에 따른 공제액을 뺀 과세표준에 최소 6%에서 최고 42%까지의 세율을 곱해서 계산한다. 부동산 투자 수익률에 많은 영향을 미치는 세금이기도 하다.

(비과세를 적용받는) 9억 원 이하의 1세대 1주택자가 아닌 경우라면 양도소득세를 부담하고, 올해부터는 다주택자인 경우에 장기 보유에 따른 공제도 적용받지 못하기 때문에 더 높은 세율이 적용된다.

양도소득세는 부동산 투자 수익률에 있어 가장 중요한 세금이기 때문에 CHAPTER 3에서 따로 자세히 다룰 예정이다.

자녀나 배우자에게 부동산을 보낼 때 내는 증여세는, 양도소득세 부담이 커진 요즘 더욱 문의가 많다. 증여세에 관한 내용도 CHAPTER 7에서 자세히 살펴보겠다.

Summary

❶ 주택의 취득세율(1.1~3.5%)은 상가의 취득세율(4.6%)보다 낮다.

❷ 유상 매매를 할 때는 실거래가를 기준으로 세율을 적용한다.

❸ 상속이나 증여를 할 때는 시가표준액을 기준으로 세율을 적용한다.

❹ 부동산 임대소득은 사업소득으로 종합소득을 구성한다.

❺ 종합부동산세는 인별 과세이므로 절세하려면 공동명의를 활용하라.

상가임대 VS 주택임대

같은 부동산 임대소득이지만 상가를 임대할 때와 주택을 임대할 때는 많은 부분에서 차이가 있다.

첫 번째 차이는 사업자등록 의무 여부다. 상가 임대를 할 때는 사업자등록이 의무 사항이지만 주택의 경우에는 선택 사항이다. 두 번째 차이는 상가는 한 채 이상의 월세 소득과 보증금에서 발생하는 소득(간주임대료＝보증금×현재 이자율 1.8%)이 모두 과세 대상이다.

하지만 주택 임대소득의 경우, 부부 합산하여 주택 수를 따져서 1주택이면 월세 소득과 보증금에서 발생하는 소득 모두가 비과세이고, 2주택이면 월세소득만 과세 대상이 되며, 3주택 이상일 때는 월세소득과 보증금에서 발생하는 소득이 모두 과세 대상이다.

〔표〕 주택 수에 따른 월세, 보증금 과세 대상

주택 수	과세 부담	비고
부부 1주택	비과세	고가주택(기준시가 9억 원 초과) 월세는 과세
부부 2주택	월세 과세	① 주택 임대소득 2,000만 원 초과 시 타 소득과 합산하여 과세 ② 전세보증금에 대한 간주임대료＝ (전세보증금 합계-3억 원)×60%×1.8% ③ 주택임대소득 2,000만 원 이하 2018년까지 비과세, 2019년 이후 분리과세(14%)
부부 3주택	월세 과세 전세보증금 과세	

예를 들어 살펴보자. 1주택을 소유한 부부가 발령이 나서 대전에 있는 회사 관사에서 근무하게 됐다. 그러면서 남편 명의의 서울에 있던 주택(기준시가 5억 원)을 월 200만 원에 월세 놓게 되면, 1년간 2,400만 원의 월세를 받지만 비과세 소득이므로 세금 부담은 전혀 없다.

그런데 관사에서 사는 것이 불편하여 대전에 작은 주택을 구입했다면 부부 합산 2주택을 소유하게 된다. 그때부터는 연간 2,000만 원을 초과하는 월세소득을 받는 것이므로 월세에 대한 세금을 부담해야 한다.

하지만 서울에 있는 주택이 부부 공동명의라면, 이 경우에도 월세소득에 대해서는 세금을 내지 않아도 된다. 왜냐하면 1인당 주택임대소득이 2,000만 원을 넘지 않기 때문이다.

시간이 흘러서 부부는 다시 서울로 돌아오게 됐고 대전에 마련한 주택을 2억 원에 전세를 주었다. 그리고 서울에서는 더 큰 집을 구해 이사하게 됐다. 그러면 이제 부부가 가진 주택은 총 3주택이다. 이럴 경우, 대전에 있는 주택보증금 2억 원에 대한 소득과 서울에서 월세를 받던 기존주택의 월세 2,400만 원 모두가 과세 대상이다.

그런데 보증금에 대한 간주임대료는 3억 원을 넘는 경우에만 계산되므로 실제로는 월세 소득 2,400만 원에 대해서만 세금을 부담하면 된다. 그리고 2018년도까지는 기준시가 3억 원 이하이면서 전용면적 60m^2 이하인 주택은 전세보증금에 대한 과세가 유예된다.

갭투자 시 간주임대료

전세보증금을 끼고 주택을 매입하는 것을 갭투자라고 한다. 갭투자를 할 때 부부 합산하여 3주택이 넘는다면 전세보증금이 얼마 이상일 때 소득세를 부담해야 할까. 2018년도까지는 주택임대소득이 2,000만 원 이하면 비과세이므로 역산해보자.

$$(전세보증금 합계 - 3억 원) \times 60\% \times 1.8\% = 2,000만 원$$

전세보증금의 합계를 계산해보면 전체 보증금 합계는 약 21억5,185만 원이다. 따라서 2018년도까지는 전세보증금의 합계가 21억5,185만 원을 넘지 않으면 간주임대료에 대한 소득세를 추가로 부담하지 않아도 된다.

부동산 세금의 과세 원리

"뭉치면 살고 흩어지면 죽는다"는 말이 있다. 대부분의 경우에 맞는 말이지만 세금에 있어서는 다르게 적용된다. 세금은 (소득이) 뭉치면 많이 내고 흩어지면 적게 낸다. 왜 뭉치면 많이 내고 흩어지면 적게 내는지 그 원리를 알아보자.

누진세율과 단일세율

누진세율과 단일세율이라는 용어가 생소하다면 일단 전기요금을 떠올려보자. 더운 여름날, 에어컨을 하루 종일 틀면 시원하겠지만 마음속에는 '이번 달 전기요금이 얼마나 나올까' 하는 걱정이 들 것이다. 주택용 전기요금은 누진제가 적용되기 때문인데, 전기 사용량이 늘수록 전기요금이 더 많이 나온다.

누진제의 원리는 간단하다. 물건을 많이 살수록 값이 비싸지는 것이다. 물건을 많이 살수록 값을 싸게 해주는 할인과 반대 개념인 셈이다.

전기요금은 다음과 같이 3단계에 걸쳐 누진 체계가 적용되고, 계단식으로 사용량에 따라서 적용되는 가격이 달라지기 때문에 쓸수록 내야 하는 요금이 가파르게 늘어난다. 즉, 사용량 200kwh 이하는 93.3원/kwh에의 가격이 적용되고, 200~400kwh까지는 187.9원/kwh, 400kwh 초과분부터는 280.6원/kwh이 적용된다. 많이 사용할수록 단위당 적용되는 가격이 3단계에 걸쳐서 달라지는 것을 알 수 있다.

〔표〕 한전 주택용 전기요금 체계

기본 요금(원/호)		전력량 요금(원/kwh)	
200kwh 이하 사용	910	처음 200kwh까지	93.3
201~400kwh 사용	1.600	다음 200kwh까지	187.9
400kwh 초과 사용	7.300	400kwh 초과	280.6

전기요금 누진제처럼, 소득이 많을수록 세금을 많이 내야 하는

구조가 바로 누진세율이다. 이것에 반대되는 개념은 단일세율이다. 누진세율은 돈을 많이 버는 사람이 정부의 혜택을 더 많이 누렸다고 보고 더 많은 세금을 부담해야 한다는 주장에 근거한다.

우리가 내는 세금 중 대부분은 누진세율이 적용되고 일부만 단일세율이 적용된다. 단일세율이 적용되는 대표적인 세금이 바로 부가가치세다. 부가가치세는 10%의 단일세율이 적용되기 때문에 편의점에서 캔 커피를 1개를 사든 100개를 사든 부가가치세는 가격의 10%만 부담될 뿐이다. 반대로 소득세는 누진세율이 적용되는 대표적인 세금이다. 주택용 전기요금이 3단계 누진 체계가 적용되는 반면 소득세율은 무려 7단계의 누진 체계가 적용된다. (다음의 표에서 누진공제액이란 소득세를 계산할 때 구간을 나누어 합산하는 번거로움을 덜기 위해 편의상 공제하기로 정한 금액을 말한다.)

〔표〕 소득세율

과세표준	기본세율	누진공제액
1,200만 원 이하	6%	
1,200~4,600만 원	15%	1,080,000원
4,600~8,800만 원	24%	5,220,000원
8,800만 원~1억5,000만 원	35%	14,900,000원
1억5,000만 원~3억 원	38%	19,400,000원
3~5억 원	40%	25,400,000원
5억 원 초과	42%	35,400,000원

　7단계의 소득세 누진 체계를 완화할 수 있는 방법 중 대표적인 것이 바로 공동명의다.

　공동명의는 누진세율이 적용되는 대부분의 세금에 있어서 가장 강력한 절세 방법이다. 소득세는 인별 과세가 원칙이기 때문에 단독명의가 아닌 공동명의를 사용하면 양도소득세, 종합소득세 등이 절세된다.

　그리고 세금은 1년 단위로 계산하기 때문에 소득이 발생하는 시기를 조절하는 것도 절세 방법 중 하나다. 예를 들어 올해 11월에 부동산 2개를 양도한다면 잔금을 올해 모두 받는 것보다 하나는 올해 받고, 나머지는 내년 1월 중에 받으면 하나는 올해의 양도소득이 되고 나머지는 내년의 양도소득이 되어서 전체적으로 내야 할 세금이 줄어든다.

　법인세에도 누진세율이 적용되지만 4단계 누진 체계를 갖고 있고, 구간도 소득세에 비하면 넓은 편이다. 법인세율이 소득세율보다 낮기 때문에 법인사업체를 운영해야 세금을 덜 낸다고 오해하지만 법인세를 납부하고 난 이익금은 법인의 자산이므로 실제로 개인에게까지 소득이 전달되려면 배당이나 급여의 과정을 한 번 더 거쳐야 하고, 그때 또 소득세를 부담해야 한다. 그러므로 실제 유불리 여부는 구체적으로 따져보아야 한다.

종합과세, 분리과세, 분류과세

단일세율과 누진세율의 차이를 알아보았으니 이제는 종합과세와 분리과세, 분류과세라는 조금 복잡해 보이는 용어에 대해 살펴보자. 용어는 어려워 보이지만 알고 보면 그리 어려운 내용은 아니다.

가장 먼저 알아야 할 점은, 소득세와 법인세는 세금 부과 대상이 다르다는 것이다.

법인세는 법인이 벌어들인 모든 소득을 대상으로 세금을 부과한다. 조금 어려운 용어로 말하자면 '포괄주의'에 의해 세금을 부과한다. 반면 소득세법은 '열거주의'에 의해 열거된 소득에만 세금을 부과한다. 예를 들어 어떤 법인이 해외결제용으로 10만 달러를 달러당 1,050원에 구입했다고 가정해보자. 이때 해외 거래처에 9만 달러를 거래 대금으로 결제하고, 1만 달러가 남아 이를 달러당 1,100원에 다시 환전해서 500,000원의 이익을 얻었다. 이때 법인은 발생한 이익 500,000원에 대한 법인세를 내야 한다. 하지만 개인이 환전을 하면서 이익이 생긴 경우라면 세금을 내지 않아도 된다. 왜냐하면 개인의 경우, 환율 변동에 따른 환차익은 소득세법에 열거된 소득이 아니기 때문이다.

법인세와 소득세의 이러한 차이 때문에 모든 소득에 대해 과세하는 법인세에는 종합과세, 분리과세, 분류과세와 같은 구분이 필요하지 않다.

부동산 세금 이렇게 쉬웠어?

하지만 개인의 경우는 다르다. 개인은 매년 5월, 전년도 소득에 대해 소득세 신고를 하는데 이를 종합소득세 신고라고 한다. 직장인은 당연히 해당되지만 급여소득만 있는 직장인이라면 연말정산으로 대신할 수 있어서 종합소득세 신고를 따로 하지 않아도 된다.

소득세법에서는 개인이 벌어들이는 소득을 몇 가지로 구분하고 있는데, 이는 바로 이자소득, 배당소득, 사업소득, 근로소득, 연금소득, 기타 소득이다. 이 소득이 있는 개인은 해당 소득을 모두 종합(합산)하여 신고해야 하는데 이것을 '종합과세'라고 부른다. 당연히 소득을 합쳐서 세금을 납부하니 높은 세율이 적용돼 더 많은 세금을 내야 한다.

종합과세와 반대되는 개념이 '분리과세'다. 분리과세는 발생한 소득만 따로 분리해서 그것만을 기준으로 세금을 납부하는 개념이다. 다른 소득과 합치지 않으니 상대적으로 낮은 세율이 적용돼 세금 부담이 적어진다.

분리과세의 대표적인 사례가 바로 복권당첨금이다. 복권당첨금은 20%(3억 원 초과분은 30%) 세율로 원천징수[*]되고 더 이상 세금을 내지 않는다. 근로소득이나 사업소득 등이 있어도 복권당첨금 소득과 합쳐서 세금을 계산하지 않는다는 뜻이다. 만약 복권당첨금을 분리과세하지 않고 종합과세한다면 복권이나 로또를 구매하는 것이 꺼려질지도 모른다. 왜냐하면 세금 부담이 엄청나게 늘어나기 때

원천징수
소득이나 수익을 지급하는 쪽에서 세금의 일부를 거두어들이는 방법.

문이다.

이러한 분리과세 소득에는 연간 2,000만 원 이하의 금융소득(이자소득, 배당소득), 연간 2,000만 원 이하의 소규모 주택임대소득(2018년도까지는 비과세, 2019년도 이후 필요경비 60% 적용 후에 14% 세율로 분리과세), 연간 1,200만 원 이하의 사적 연금소득 등이 있다(국민연금이나 공무원연금과 같은 공적연금은 언제나 종합과세 대상이다).

분리과세와 이름은 비슷하지만 다른 개념인 '분류과세'라는 것이 있다. 분류과세는 대표적인 것이 바로 퇴직소득이다. 퇴직소득은 근로자가 퇴직할 때 받는 소득이지만, 실제로는 근로자가 근무한 기간 동안에 생긴 것이다. 부동산을 매각해서 발생하는 양도소득도 부동산을 보유하고 있는 기간 동안에 발생한 소득이므로 퇴직소득과 마찬가지다.

이렇게 장기간에 걸쳐서 형성된 소득과 1년 단위로 세금을 계산하는 다른 소득을 합쳐서 세금을 부과하면 세금이 급격하게 증가하기 때문에 따로 분류해서 과세하지만, 분리과세와 달리 세율은 누진세율인 기본세율이 적용된다.

금융소득 종합과세란?

소득세의 과세 방법 중 세금이 가장 많이 부과되는 방법은 종합과세다. 이러한 종합과세 중에 가장 유명한 것이 바로 '금융소득 종합과세'다.

금융소득 종합과세란 이자소득과 배당소득을 합친 금융소득이 인당 2,000만 원을 초과할 경우, 초과하는 금융소득과 근로소득이나 사업소득 등을 합산해서 종합소득세를 신고하고 세금을 내는 제도다.

고객들과 상담을 하다 보면 금융소득 종합과세에 민감하게 반응하는 분들이 많다. 어떤 고객은 심지어 수익이 나지 않아도 좋으니 금융소득 종합과세에 해당하지 않도록 수익이 많이 날 것 같은 금융 상품을 해지해달라고 하기도 한다.

앞에서 살펴본 것처럼 금융소득의 크기와 자신의 다른 종합소득 대상 소득이 얼마인지에 따라 세금 부담이 달라진다. 일반적으로 다른 종합소득은 없고 금융소득만 있을 때는 7,000만 원까지 추가적인 세금 부담은 없다. 왜냐하면 금융소득은 14%(지방소득세 별도) 세율의 원천징수를 하고 지급하기 때문이다. 이자나 배당의 14%에 해당하는 금액을 이미 세금으로 납부한 상태이기 때문에 금융소득만 있을 때 7,000만 원까지는 종합소득에 해당하더라도 추가로 납부할 세금은 없다.

7,000만 원에 해당하는 금융소득이 발생하더라도 2,000만 원까지는 분리과세에 해당하고, 5,000만 원만 종합과세에 해당한다. 종합소득세는 6,780,000원(5,000만 원×24%-5,220,000원)으로 계산되

지만, 원천징수되어 이미 납부한 소득세 금액이 9,800,000원(7,000
만 원×14%)이므로 추가로 납부해야 할 세금은 없다. 이중과세되지
않기 위함이다.

금융소득	과세표준	종합소득세	원천징수세액	추가세액
2,000만 원	없음(분리과세)	없음(분리과세)	2,800,000원	없음
7,000만 원	5,000만 원	6,780,000원	9,800,000원	없음

세법에서 금융소득에 대한 원천징수세액은 환급이 발생하지 않
도록 하고 있어서 내야 할 세금보다 먼저 납부한 원천징수 세금이
더 커도 환급은 받을 수 없다.

이처럼 다른 소득은 없는 상태에서 금융소득만 7,000만 원 이하
인 경우에는 세금 부담이 늘어나지 않지만, 건강보험료와 국민연금
등 준조세 성격의 비용이 증가하게 된다. 특히 전업주부처럼 배우
자의 건강보험 피부양자로 등재돼 있어 건강보험료를 추가로 납부
하지 않던 경우에는 부담이 크게 늘어난다. 왜냐하면 건강보험료는
국세청에 신고한 종합소득을 기본으로 부과되는데, 금융소득 종합
과세에 해당하면 자기 자신을 부양할 수 있는 사람으로 보아 배우
자와 별도로 보험료가 부과되기 때문이다.

이렇게 지역가입자로 건강보험료가 부과되면 종합소득 외에도
재산 수준과 자동차 소유 여부 및 연령 등을 모두 감안해서 건강보

험료가 부과된다. 그런데 건강보험료 등은 세금과 달리 1년에 한 번만 내는 것이 아니라 매월 내야 하기 때문에 심리적으로 더 큰 부담이 있는 게 사실이다.

그리고 많은 이들이 금융소득 종합과세에 해당되면 세무조사를 받을 가능성이 높아진다고 생각한다. 실제로 금융소득 종합과세 기준 금액이 2,000만 원으로 낮아진 이후 연간 대상자가 10만 명 이상인 상황에서, 단지 금융소득 종합과세 대상이 됐다는 이유만으로 세무조사를 받을 가능성이 높아졌다고 말하기는 어렵다. 하지만 그 생각이 완전히 틀린 것은 아니다. 왜냐하면 재산과 소득이 많을수록 조사받을 가능성이 높은 것은 사실이기 때문이다. 특히 자금 출처가 불분명한 금융자산이나 증여세 신고가 되지 않는 금융자산에서 얻은 이자나 배당이 많은 경우에는 조사를 받으면 대부분 자금 출처를 입증할 수 없기 때문에 거액의 세금을 추징당할 수밖에 없다.

Summary

1. 종합과세는 이자소득, 배당소득, 사업소득, 근로소득, 연금소득, 기타소득에 해당하는 소득이 있을 때 이를 모두 합해 세금을 계산하고, 기본세율이 적용되어 세금 부담이 크다.
2. 분리과세는 세금 부담을 낮추기 위한 단일세율 과세로, 대표적인 것이 연간 2,000만 원 이하의 주택임대소득이다.
3. 분류과세는 양도소득, 퇴직소득과 같이 오랜 기간에 걸쳐 생긴 소득을 과세하기 위한 제도이자 세금 부담을 낮추기 위한 제도로, 다른 소득과는 합산하지 않고 기본세율이 적용된다.

절세 혜택이 가장 큰 부동산의 종류는?

누구나 최소의 비용으로 최대의 수익을 얻기를 바란다. 세금의 측면에서 봤을 때, 최소한의 세금을 내면서 높은 투자율을 낼 수 있는 부동산이 따로 있을까. 있다. 여기서는 부동산 투자자들이 관심을 가질 만한 절세 혜택이 큰 부동산과 그 조건에 대해 알아보려고 한다.

혹시 단독주택에 살고 있는가. 그렇다면 단독주택의 공시가격과 토지의 개별공시가격을 확인해보자. 다음은 서울시 강동구에 있는 한 단독주택이다.

〔표〕 개별주택공시가격

신청 대상 주택					확인 내용
가격 기준 연도	건물 번호	주택소재지	대지면적 (m²)	건물면적 (m²)	개별주택가격 (원)
2017/01/01	10	서울특별시 강동구 성내동 **	169.00	161.55	519,000,000
2016/01/01	10	서울특별시 강동구 성내동 **	169.00	161.55	492,000,000
2015/01/01	10	서울특별시 강동구 성내동 **	169.00	161.55	472,000,000
2014/01/01	10	서울특별시 강동구 성내동 **	169.00	161.55	456,000,000
2013/01/01	10	서울특별시 강동구 성내동 **	169.00	161.55	428,000,000
2012/01/01	10	서울특별시 강동구 성내동 **	169.00	161.55	419,000,000

〔표〕 토지개별공시지가

신청 대상 토지			확인 내용		
가격 기준 연도	토지소재지	지번	개별공시지가(원)	기준일자	공시일자
2017	서울특별시 강동구 성내동	**	3,886,000	1월 1일	2017/05/31
2016	서울특별시 강동구 성내동	**	3,540,000	1월 1일	2016/05/31
2015	서울특별시 강동구 성내동	**	3,372,000	1월 1일	2015/05/30
2014	서울특별시 강동구 성내동	**	3,263,000	1월 1일	2014/05/30
2013	서울특별시 강동구 성내동	**	3,060,000	1월 1일	2013/05/31
2012	서울특별시 강동구 성내동	**	2,900,000	1월 1일	2012/05/31

이 단독주택의 개별주택공시가격은 2017년도에 519,000,000원이었다. 그런데 동일지번 토지의 2017년도 공시가격이 3,886,000/m²이므로 전체 토지의 공시가격은 656,734,000원(169m²×3,886,000원)으로 평가된다. 즉, 개별주택공시가격은 건물면적과 대지면적을 모두 포함하고 있지만 토지공시지가에도 못 미치는 것을 확인할 수 있다.

주택의 공시가격은 분명히 토지 가격과 건물 가격의 합계인데 오히려 토지공시지가보다 낮은 경우가 대부분이다. 수도권의 경우, 토지개별공시지가가 시가의 60~70% 수준이지만 주택의 공시가격은 토지공시지가보다도 낮다.

공시가격이 낮다는 것은 결국 재산세 등과 같은 보유세 부담이 줄어든다는 의미이므로, 주택은 결국 정책적으로 다른 부동산에 비해 많은 혜택을 받고 있다고 볼 수 있다. 주택 중에서도 특히 단독주택이나 다가구주택이 시가 대비 가장 낮은 공시가격을 갖는다.

이러한 낮은 공시가격이 가져다주는 절세 효과는 얼마나 될까. 일단 단독주택이나 다가구주택을 매매로 취득할 때의 취득세는 매매 가격을 기준으로 정하기 때문에 절세 효과가 크지 않지만, 상업용부동산이 4.6%의 취득세율을 적용받는 것에 비해 낮은 취득세율(1.1~3.5%)을 적용받는다.

하지만 보유할 때 내야 하는 재산세 및 종합부동산세에는 낮은 공시가격으로 인한 절세 효과가 크다. 그리고 1주택자라면 공시가격 9억 원 이하 주택의 임대소득은 소득 전체가 비과세이기 때문에 효과가 매우 크다. 실제로 다가구주택의 기준시가가 시가의 50% 이하로 나오기도 하므로, 시가 18억 원에 해당하는 다가구주택이 개별주택공시가격은 9억 원 이하로 공시되는 경우도 있고, 이런 주택이 1주택에 해당하면 월세로 받는 금액 전부에 대한 세금을 내지 않아도 된다.

세무 전문가들 사이에서는 세금만 따진다면 총면적 660m² 이하, 3층 이하, 19세대 이하의 다가구주택이 가장 세금이 적은 투자라고 말한다. 왜냐하면 자가로 일부 사용하는 것 외의 주택에서 임대소득이 발생해도 공시가격이 대부분 9억 원 이하이기 때문에 종합소득세를 내지 않아도 된다. 그리고 다세대주택은 여러 세대가 살아도 하나의 주택으로 보기 때문에 1주택자라면 나중에 양도할 때 양도가액이 9억 원이 넘어도(1주택자라도 양도가액이 9억 원을 초과하는 주택을 팔면 양도소득세를 부담한다) 장기보유특별공제를 80% 적용받고 9억 원 초과분에 대해서만 양도소득세를 부담하면 된다. 그렇기 때문에 실제 양도소득세는 양도가액의 1~2%에 불과하다.

그리고 증여나 상속을 받더라도 다가구주택을 포함한 단독주택은 아파트와 달리 매매사례가액으로 평가하지 않고 기준시가로 평가받을 수 있다는 장점도 있다.

부동산에는 토지, 상가, 주택 등 여러 종류가 있지만 (다주택자가 아니라는 조건 하에) 세금만 따지자면 취득부터 보유, 양도까지 고려했

을 때 주택의 세금 부담이 가장 적고, 주택 중에서는 다가구주택을
포함한 단독주택의 세금 부담이 상대적으로 더 적다.

Summary

❶ 주택의 공시가격은 대지면적과 건물면적을 모두 포함하여 공시되지만, 대부분 대지
면적 공시지가의 합보다 적다.

❷ 1세대 1주택자라면 공시가격 9억 원 이하 다가구주택의 월세소득이 전액 비과세된다.

❸ 다가구주택은 여러 세대가 살아도 한 채의 주택으로 보아, 1세대 1주택 양도소득세
비과세 혜택을 볼 수 있다.

처음부터 세금을
내지 않는 '비과세'와
세금을 깎아주는 '감면'

정부가 세금으로 부동산 투자를 규제할 때도 있지만, 경기가 좋지 않다고 판단될 때는 세제 혜택을 부여할 때도 있다. 가장 최근의 예는 2013년 4월 1일에 발표한 주택 시장 정상화 방안이다.

그 대책에서 발표된 감면 혜택은 다음과 같다. 2013년도까지 세대별 합산 소득이 7,000만 원 이하일 때, 생애 최초로 6억 원 이하인 주택을 취득하면 취득세를 100% 감면해준다는 것 그리고 2013년 4월 1일부터 12월 31일까지 6억 원 이하의 신규 분양 주택이나 미분양 주택 또는 1세대 1주택자가 보유하고 있는 6억 원 이하 혹은 85m² 이하 주택을 구입하면 5년 동안 양도소득세를 100% 감면해준다는 것이었다.

감면은 대부분 정책적으로 세제 혜택을 주는 것이기 때문에 조세특례제한법이나 지방세특례제한법에 규정되어 있고, 특별법이므로 일반법인 소득세법이나 지방세법에 우선해서 적용한다.

감면은 추가로 혜택을 부여하는 것이다. 그렇기 때문에 적용되는 기간을 한정하고, 그 기간이 지나면 혜택은 자연스럽게 사라진다.

이처럼 세액 감면은 생애최초주택 취득세 감면이나 미분양 주택을 취득할 때 5년간 양도소득세를 감면해주는 것처럼, 원래 부과해야 할 세금을 깎아주는 개념이다. 반면 비과세는 국가가 정책적인 이유로 세금 걷을 권리를 포기하는 것을 말한다.

비과세는 세법상 거주자만 적용받을 수 있다. 세법상 거주자, 비거주자는 조금은 어려운 개념이지만 거주자는 국적과 관계없이 대한민국에서 주로 생활하는 사람, 비거주자는 대한민국 외의 국가에서 주로 생활하는 사람이라는 정도만 이해하면 된다.

이 점이 중요한 이유는 세법상 거주자에게는 대한민국 이외의 다른 국가에서 발생한 소득까지 국세청에서 세금을 전부 부과할 수 있고, 비거주자에게는 대한민국에서만 발생한 소득에 세금을 부과할 수 있기 때문이다. 즉, 거주자 여부는 세금을 부과할 수 있는 권리인 과세권이 미치는 범위를 결정한다.

거주자는 세금을 부과받는 범위가 훨씬 넓기 때문에 반대로 1세대 1주택 비과세 혜택이나 10년 단위로 성년인 자녀는 5,000만 원,

부동산 세금 이렇게 쉬웠어?

배우자는 6억 원까지 증여세 없이 증여받을 수 있는 증여재산공제 등의 혜택도 주어진다. 감면은 세제 혜택을 통한 투자 활성화와 같은 정책적인 목표를 달성하기 위한 성격이 있어 거주자, 비거주자 모두에게 혜택을 부여하는 경우가 있다. 예를 들어 위에서 설명한 양도소득세 감면 특례주택은 거주자, 비거주자 모두에게 적용된다.

감면은 비과세와 비슷해 보이지만 일종의 인센티브를 제공하는 것이므로 비과세보다 추가적인 혜택을 주는 경우가 많다. 위의 특례주택은 다른 보유주택을 팔 때 해당 주택을 주택 수에서 제외해주는 추가 혜택을 부여한다. 단, 세액 감면의 경우에는 감면받은 세액의 20%를 농어촌특별세로 따로 부과하기도 한다. 생애최초주택 취득세 감면은 따로 농어촌특별세가 부과되지 않지만 미분양 주택 등 양도소득세 감면은 농어촌특별세를 부담해야 한다.

세제 감면 혜택을 발표할 때가 부동산 투자의 적기다

내가 만났던 자산가들은 정부에서 세제 혜택 대책을 내놓으면 이를 부동산 경기가 바닥 근처에 왔다는 신호로 받아들이고 적극적으로 활용한다. 그리고 실제 과거의 사례를 보면 그 당시 구입했던 부동산들이 높은 수익을 가져다주었다고 한다.

2008년도에 여의도자이아파트를 10억 원에 취득한 K씨는

2013년 겨울에 잠실5단지아파트를 1세대 1주택자로부터 12억 원에 구입했다. 이 아파트는 2013년 4월 1일부터 12월 31일까지 6억 원 이하의 신규 분양 주택이나 미분양 주택 또는 1세대 1주택자가 보유하고 있는 6억 원 이하 혹은 85m² 이하 주택을 구입하는 경우, 5년 동안 양도소득세를 100% 감면해주는 특례주택이었다(조세특례제한법 제99조의 2에 따름).

조세특례제한법 제99조의 2에 해당하는 주택은 특이하게도 매도자의 주택이 1세대 1주택에 해당하는 경우에도 특례를 적용한다. 만일 잠실5단지아파트를 1세대 1주택자로부터 구입한 것이 아니었다면 특례주택에 해당하지 않기 때문에, 일시적 2주택으로 비과세를 적용받으려면 나중에 구입한 잠실5단지아파트의 취득일로부터 3년 내인 2016년 12월까지 여의도자이아파트를 팔아야만 했다.

하지만 특례주택이었기 때문에 여의도자이아파트를 먼저 팔기만 한다면 3년이라는 기간에 상관없이 비과세를 받을 수 있다. 그리고 나중에 1주택인 상태에서 잠실5단지아파트를 양도하면 양도가액 중 9억 원 이하에 대해서는 비과세를, 9억 원 초과분에 대해서는 양도소득세 감면을 추가로 받을 수 있다.

처음부터 세금을 부과하지 않는 비과세가 더 좋아 보일 수도 있지만, 실제로 투자하는 입장에서는 감면을 잘 활용하는 것이 더 중요하다. 다시 한 번 말하지만 정부가 세제 혜택을 부여하는 감면을

부동산 세금 이렇게 쉬웠어?

시행할 때는 부동산 경기가 바닥이라는 신호이고, 세제 혜택을 부여하는 것이라 기존의 비과세도 유지할 수 있다.

실제로 K씨는 2018년 1월에 여의도자이아파트를 16억2,000만 원에 양도해서 양도소득세를 1,350만 원 납부했다. 만일 잠실5단지아파트가 특례주택이 아니었다면 1.6억 원의 양도소득세를 부담해야 했으므로 약 1.5억 원의 추가 수익을 얻을 수 있었던 셈이다. 그리고 2018년 1월 현재 잠실5단지아파트는 18억5,000만 원으로 호가가 형성되어 취득가액 대비 6억 원 이상이 오른 상태다.

Summary

❶ 감면은 원래 부과해야 할 세금을 깎아주는 것이고, 비과세는 국가가 정책적인 이유로 세금 걷을 권리를 포기하는 것이다.

❷ 비과세는 세법상 거주자만 적용받을 수 있고, 감면은 거주자, 비거주자 모두 적용받는 경우가 있다.

❸ 감면은 일종의 인센티브로, 비과세보다 추가적인 혜택을 주는 경우가 많다. 세제 감면 혜택을 발표할 때가 부동산 투자의 적기다.

매출에 따라
달라지는 소득세
신고 방법

근로소득만 있는 사람은 연말정산으로 소득세 신고를 대신하지만, 근로소득 외에 부동산 임대소득 등이 있는 사람은 매년 5월 종합소득세 신고를 해야 한다.

그런데 사실 종합소득세 신고는 소득을 얻기 위해 지출한 비용을 정산하는 과정이기도 하다. 종합소득세는 벌어들인 돈(매출)에서 나간 돈(비용)을 차감한 금액(소득 금액)을 기준으로 계산되기 때문이다.

사업자가 쓴 돈이 다 비용으로 인정받는 것은 아니다. 비용으로 인정받기 위해서는 사업과 관련해서 지출한 내역을 장부에 기록하고, 적격증빙(세금계산서, 현금영수증, 신용카드 전표) 등으로 사용한 내역

부동산 세금 이렇게 쉬웠어?

을 보관해야 하는 것이 원칙이다.

하지만 매출이 작은 영세한 사업자에게까지 모든 비용 지출 내역을 장부에 기록하고 증빙하게 하는 것은 상당한 부담이다. 그래서 소득세법에서는 매출 규모에 따라서 소득세 신고 방법을 달리하고 있다.

소득세법에서는 정하고 있는 신고 방법은 크게 두 가지다. 바로 장부신고와 추계신고다. 장부신고는 비용을 얼마나 지출했는지 장부를 통해 신고하는 것이고, 추계신고는 매출이 일정 규모 이하인 사업자에게 비용을 추정·계산하여 신고하게 하는 것이다.

매출이 적은 사업자를 위한 추계신고

부동산 투자 후 임대소득이 발생한다고 해서 무조건 장부를 만들어야 하는 것은 아니다. 장부를 만드는 것을 '기장(記帳)'이라고 하는데, 직접 장부를 작성하지 못하면 세무사나 회계사 등 세무대리인에게 맡겨야 하고 별도의 비용을 지불해야 한다.

그래서 기장 의무를 부여하기에 매출이 작은 사업자에게는, 매출의 일정 부분을 비용으로 인정해주는 추계신고를 허용한다. 추계신고는 다시 단순경비율 적용과 기준경비율 적용으로 나뉜다.

추계신고의 첫 번째 방법은 단순경비율 적용이다. 단순경비율 적용은, 매출에 일정 비율을 곱한 금액을 비용으로 인정해주는 방식이다.

비용 = 수입금액 × 단순경비율

국세청에서는 경비 인정을 받을 수 있는 비율을 업종별로 정해두었는데 업종마다 단순경비율은 모두 다르며, 보통 제조업·도소매업은 90% 내외로 높은 편이고, 서비스업은 70% 내외다. 정확한 업종별 단순경비율과 기준경비율은 국세청에서 조회해볼 수 있다.

〔표〕 단순경비율과 기준경비율의 예

코드번호	종목		적용 범위 및 기준	단순 경비율	기준 경비율
	세분류	세세분류			
701101	부동산 임대업	주거용 건물임대업	• 소득세법 제12조에 따른 기준시가 9억 원을 초과하는 주택 ＊ 전대(→ 701300)	37.4	16.9
701102	부동산 임대업	주거용 건물임대업	• 기준시가가 9억 원을 초과하지 않는 아파트, 공동주택, 다가구주택, 단독주택 등의 임대 ＊ 전대(→ 701300)	42.6	14.6
701103	부동산 임대업	주거용 건물임대업 (장기임대 공동주택)	• 조례특례제한법 제97조에 따른 장기임대주택(공동주택 및 5호 이상 단독주택 임대) ＊ 다만 2001년 1월 1일 이후 임대사업 개시한 경우에도 적용함	60.2	21.9

예를 들어 주거용 부동산 임대업을 통해 얻은 연간 임대료가 2,200만 원이라면 2016년도의 단순경비율은 42.6%이므로 비용은

약 937만 원(2,200만 원×42.6%)이다. 단순경비율을 적용하여 신고하면 소득금액은 '수입금액-(수입금액×단순경비율)'이므로, 2,000만 원에서 비용 약 937만 원을 차감한 1,263만 원이 된다.

부동산 임대업은 연간 매출이 2,400만 원 미만일 때 단순경비율 적용이 가능하다. 그런데 주의해야 할 점은 신고 의무를 구분하는 매출 기준이 '전년도 매출*'이라는 점이다. 종종 작년보다 매출이 줄었는데 세금은 왜 더 많이 나왔느냐는 문의를 받을 때가 있다. 그 이유는 신고 의무 구분 기준이 전년도 매출이기 때문이다. 부동산 임대업을 예로 들면, 전년도 매출이 2,500만 원이라면 올해는 단순경비율을 적용받을 수 없다. 올해 계약을 갱신하면서 임대료가 2,300만 원으로 줄었다고 해도 단순경비율은 적용되지 않는다.

올해는 작년 매출이 2,400만 원을 넘었으므로 다음에 설명하는 기준경비율로 신고해야 하고, 기준경비율로 신고하면 보통 단순경비율을 적용할 때보다 세금이 많아진다. 물론 다음 연도에는 다시 전년도 매출이 2,400만 원 이하이므로 단순경비율 적용이 가능하다.

전년도 매출 기준으로 소득세 신고 방법이 달라지는 것은 앞으로 설명하는 다른 방법들에도 동일하게 적용된다. 이해를 돕자면 올해 나의 통신사 등급과 멤버십포인트는 전년도 통신비 지출액에 따라 결정되는 원리라고 이해하면 될 것이다.

추계신고의 두 번째 방법은 기준경비율 적용이다. 단순경비율과 비슷하지만 주요 경비 세 가지인 인건비, 임차료, 판매용 상품의 매입 비용에 관해 적격증빙이 있을 때만 비용으로 인정해주는 방식이다.

주거용 건물의 2016년도 기준경비율은 14.6%이고, 부동산 임대업의 경우 연간 임대소득이 2,400만 원 이상 4,800만 원 미만인 경우에 기준경비율로 신고할 수 있다. 연간 임대소득이 4,800만 원을 넘지만 7,500만 원 미만인 경우에도 기준경비율로 신고할 수는 있지만 추계로 신고하는 경우 무기장가산세를 산출세액의 20% 부담해야 하므로 실무적으로는 연간 임대소득이 4,800만 원 미만인 경우에만 기준경비율로 신고한다.

월 매출 400만 원 이상이라면 장부신고

장부신고는 크게 간편장부와 복식부기로 나뉜다. 그리고 복식부기로 신고하는 대상은 다시 복식부기의무자, 외부세무조정대상자, 성실신고확인대상자로 나뉜다.

간편장부대상자는 지출 날짜와 지출 항목, 금액만 적으면 되는 가계부 형식의 간편장부로 신고할 수 있고, 부동산 임대업의 경우는 연간 임대소득이 7,500만 원 미만일 때 간편장부로 신고할 수 있다.

부동산 세금 이렇게 쉬웠어?

복식부기의무자는 장부를 대변과 차변으로 구분하여 이중 기록·계산이 되도록 하는 부기 형식의 복식부기로 작성해야 한다. 복식부기는 회계학 지식이 필요하기 때문에 스스로 작성하기 어려워서 세무사 등의 도움을 받아 작성하는 경우가 대부분이다. 부동산 임대업의 경우에는 연간 매출이 7,500만 원 이상이면 복식부기의무자가 된다.

그리고 연간 임대소득금액이 1.5억 원 이상인 경우에는 반드시 외부 세무대리인의 조정을 반드시 받아야 하는 외부 세무조정대상자가 되며, 연간 임대소득이 5억 원 이상인 경우에는 신고 내용의 적정성 여부를 외부 세무사 혹은 회계사에게 확인받아야 하는 성실신고확인대상자가 된다.

〔표〕 부동산 임대업 수입 금액에 따른 기장 의무

업종 구분	성실 신고 확인	외부 세무 조정	복식부기	간편장부	기준 경비율	단순 경비율
부동산 임대업 및 기타 서비스업	5억 원 이상	1.5억 원 이상	7,500만 원 이상	7,500만 원 미만	2,400만 원 이상	2,400만 원 이하

Summary

❶ 소득세법에서 정하고 있는 신고 방법은 장부신고와 추계신고다.

❷ 장부신고는 장부를 통해 비용 지출을 신고하는 것이고, 추계신고는 매출이 일정 규모 이하인 사업자들이 비용을 추정·계산하여 신고하는 것이다.

법인사업자는 정말 세금을 적게 내나?

법인사업자에 대한 로망을 가지고 있는 고객을 종종 만나게 된다. 법인 이름으로 사업장을 운영하면 실제로 세금도 적게 낸다고 생각하는 경우가 많다. 법인사업자가 세금을 적게 낸다는 소문과 소규모 법인이 더 편하다는 소문의 진실은 무엇일까.

〔표〕 법인세율

과세표준	기본세율
2억 원 이하	10%
200억 원 이하	20%
3,000억 원 이하	22%
3,000억 원 초과	25%

개인사업자는 소득세율이 과세표준 5억 원을 초과할 때 42%이고, 법인사업자의 법인세율은 과세표준 200억 원 이하일 때 20%에 불과하기 때문에, 법인으로 사업자등록을 하면 개인사업자에 비해서 세금 부담이 절반 이하가 될 것이라고 생각한다.

물론 법인세 단계에서 부담하는 세금만 고려하면 법인이 훨씬 적은 세금을 부담하는 것이 사실이다. 하지만 법인세를 내고 법인에 쌓여 있는 이익잉여금은 실제 법인의 주주 1명이 100% 지분을 가진 경우라고 해도 마음대로 가져다 쓸 수 없다. 만일 대표이사나 주주가 법인의 자금을 마음대로 사용하면 횡령에 해당하고, 세법상으로도 많은 불이익을 받는다. 실제로 법인의 이익잉여금이 대표이사나 주주 등에게 전달되려면 급여나 배당의 형태를 통해야 하고, 급여나 배당을 받는다면 당연히 소득세를 부담해야 한다.

결론적으로 법인세율이 낮기 때문에 법인 단계에서 세금 부담이 적은 것은 사실이지만, 법인에 쌓인 이익잉여금이 개인에게 도달하는 전 과정을 감안한다면 결

코 법인사업자가 개인사업자보다 세금을 덜 낸다고 말하기 어려울 것이다.

또 한 가지, 소규모 법인의 경우 고소득 개인사업자에 비해 국세청의 세무 간섭이 적다고 생각하는 이들도 많다. 쉽게 말해 닭의 머리보다 소의 꼬리가 덜 주목받지 않겠느냐는 것이다. 사실 예전에는 그랬다.

하지만 2017년에 최순실 게이트에서 우병우 전 청와대 민정수석 처가의 가족법인 '정강'이 논란이 되면서 법인세법이 개정됐다. 2018년도부터는 부동산 임대업을 주업으로 하는 소규모 법인도 소득세법상의 성실신고확인대상자와 같은 성실신고 확인 제도를 신설하여 비용 사용 등을 자세히 들여다보게 됐다. 외부 감사를 받지 않는 소규모 법인으로, 다음의 요건을 모두 충족하는 법인이 그 대상이다.

① 해당 사업 연도의 상시 근로자 수가 5인 미만
② 지배 주주 및 가족 등 특수 관계자 지분 합계가 전체의 50%를 초과
③ 부동산 임대업을 주업으로 하거나 부동산 등 권리 대여·이자·배당 합계가 매출액의 70% 이상

내용을 보면 무늬만 법인인 개인사업자를 규제하겠다는 의미다. 앞으로는 법인사업자에 대한 로망을 실현하기가 더욱 어려워질 전망이다.

상업용부동산 투자자라면 꼭 알아야 할 부가가치세

부동산의 종류를 크게 구분하면 상업용과 주거용로 구분할 수 있는데, 우리나라는 부동산의 70% 이상이 주거용에 해당한다.

주택 위주의 투자자라면 부가가치세(VAT, Value Added Tax)에 대해서 크게 관심을 갖지 않지만, 상업용부동산 투자를 염두에 두고 있다면 부가가치세에 대한 기본적인 내용은 알고 있는 것이 좋다.

상업용부동산이라고 하면 왠지 나와는 상관없다고 생각할 수도 있지만, 오피스텔도 원래는 상업용부동산이라는 것을 생각하면 상업용부동산이 그리 멀리 있는 것만은 아니다.

부가가치세란?

부가가치세는 1977년도에 도입된 세금으로, 존재하는 세금 중 역사가 짧은 편이다. 하지만 전체 세수에서 차지하는 비중은 1위를 도맡을 만큼 그 비중이 크다. (최근에는 근소한 차이로 소득세에 1위를 내주었다.)

부가가치세는 사업자만 내는 세금이라고 생각하지만, 실제로는 소비자가 부담하는 세금이다. 그래서 부담은 소비자가 하고 납부만 사업자가 대신하는 세금이어서 간접세라고 부른다.

세금의 종류에서 살펴보았던 것 중 부가가치세만이 간접세이고, 다른 세금들은 세금을 납부하는 사람과 부담하는 사람이 같은 직접세다.

여담이지만 세무공무원이라면 누구나 밀린 세금을 받기 위해 체납 정리를 하는데, 체납자 중 가장 미움받는 사람이 바로 부가가치세 체납자다. 간접세인 부가가치세를 체납한 사업자는 최종 소비자로부터 대신 받아서 납부하는 것인데 그것을 중간에서 꿀꺽(?)한 셈이기 때문이다. 그래서 부가가치세를 체납한 사업자는 더 강도 높은 부동산 압류 등의 체납 집행을 받는다.

부가가치세는 매출세액(매출액 × 세율)에서 매입세액(매입액 × 세율)을 빼서 계산한다. 구조는 간단하다.

예를 들어 한 라면 가게가 있다고 하자. 라면을 한 봉지당 부가가치세 10%를 포함한 금액인 770원에 구입해서, 라면 1그릇당 부가가치세 10%를 포함한 금액인 3,300원에 판다면 라면 1그릇당 부가가치세는 매출세액 300원(3,000원×10%)에서 매입세액 70원(700원×10%)을 뺀 230원이다.

그런데 라면집 사장님이 부가가치세를 신고할 때 매입세액을 공제받으려면, 라면을 구입할 때 세금계산서를 받아야 한다. 카드매입전표가 있는 경우에도 매입세액 공제는 가능하다.

우리가 소비하는 모든 재화와 서비스(용역)에 부가가치세가 붙는 것은 아니다. 예를 들면 항공기 운임에는 부가가치세가 붙고, 지하철이나 버스 운임에는 부가가치세가 붙지 않는다. 부가가치세가 붙지 않는 재화나 서비스(용역)를 면세라고 하는데, 면세를 허용하는 이유는 소득과 관계없이 많은 사람이 필수적으로 이용해야 하는 재화나 서비스에 부가가치세를 부과하면 세금 부담의 역진성이 생기기 때문이다.

간단히 설명하면 수돗물이나 지하철처럼 누구나 이용해야 하는 재화나 서비스에 부가가치세가 붙으면 소득이 적은 사람일수록 세금 부담이 커진다. 부자라고 하루에 지하철을 10번씩 타는 것도 아니고, 가난하다고 지하철을 타지 않고 걸어 다닐 수는 없기 때문이다. 그런 점을 생각하면 한 달에 100만 원 버는 사람과 한 달에 1,000만 원 버는 사람이 느끼는 지하철 요금에 대한 부가가치세 부담이 같을 수는 없다. 이러한 세금 부담의 역진성을 줄여주기 위한 제도가 바로 면세 제도다.

누구에게나 주거 공간은 필요하기 때문에 주택을 임대하는 것에는 면세 혜택을 주지만, 사업하기 위해 상가를 임대하는 것에는 부가가치세를 과세된다. 따라서 상가임대료에는 부가가치세가 10% 별도로 붙는다. 전용면적 85㎡ 이하의 국민주택을 분양할 때도 부가가치세는 면제된다. 이외에도 의료·보건 관련 서비스(미용 목적 성형수술 등은 과세), 학교나 학원 등의 교육 용역 및 금융·보험 용역 등도 대표적인 면세 적용 대상이다.

부가가치세가 부과되는 부동산의 종류는?

부가가치세 대상인 부동산은 국민주택 범위를 초과하는 중대형 주택과 오피스텔, 사무실, 상가 등 사업용으로 사용되는 부동산 중 사업자가 매매하는 부동산이다. 부가가치세법에서는 사업자만을 납세의무자로 보기 때문이다.

그리고 토지 부분에 해당하는 금액에는 부가가치세가 계산되지 않고, 건물 부분에만 부가가치세를 계산한다. 토지는 직접적으로 부가 가치를 창출하지 않고, 토지 위에 지어진 건물이 부가 가치를 만들어낸다고 보는 것이다. 우리가 이용하는 것은 건물이지 토지가 아니다.

오피스텔을 샀는데 부가가치세를 내본 적이 없다고?

사업자로부터 부동산을 매입하면 건물 부분에 대해 부가가치세를 내야 한다는 내용을 읽고서, 오피스텔을 구입해본 독자라면 부가가치세를 낸 기억이 없다고 의아해할 수도 있다. 그렇다면 계약서를 다시 꺼내 읽어보라. 아마도 사업포괄양수도 조건으로 구입했을 것이다.

사업포괄양수도란 해당 사업을 계속하지만 주인만 바뀌는 것을 말한다. 즉, 해당 사업을 수행하기 위한 물적 설비뿐 아니라 인적 설비까지 승계하는 것을 의미한다.

사업포괄양수도 조건은 요건에 부합하면 세금계산서를 주고받지 않아도 되고, 양도자는 부가가치세만큼 양도가액을 낮출 수 있어 거래를 원활하게 성사시킬 수 있다. 또 양수자는 부가가치세만큼의 자금 부담을 덜 수 있다는 장점도 있다.

부동산 임대업에 있어서 사업포괄양수도에 해당하려면 임차인까지 승계해야 한다. 만약 임차인을 승계하지 않거나 변경되거나, 기존임차인에게 부동산을 양도하면 포괄양수도가 아니게 된다. 그리고 양도자와 양수자 모두 일반과세사업자여야 한다. 그래서 사업 양도 후에 세무서에 '사업양도신고서'를 제출해야 한다.

간이과세자와 일반과세자, 누가 더 유리할까?

오피스텔이나 작은 상가를 구입하고자 하는 사람들이 가장 많이 하는 질문이 바로 일반과세자로 사업자를 할 것인지 간이과세자로 할 것인지의 여부다.

일반적으로 간이과세자가 유리하다고 생각한다. 하지만 부가가치세가 간접세인 점을 고려하면 간이과세자라고 해서 유리할 것은 없다. 간이과세자가 유리한 점은 부가가치세 신고를 1년에 두 번 해야 하는 일반과세자와 달리 1년에 한 번만 해도 된다는 점과 매출이 연간 2,400만 원 미만인 경우에 납부 의무가 면제되는 정도다.

간이과세자가 더 유리하다고 오해하는 이유 중 하나는 종합소득세 신고를 할 때 매출의 일정 비율을 증빙 없이 비용으로 인정해주는 단순경비율이나 기준경비율을 적용받을 수 있기 때문이다. 그런데 단순경비율이나 기준경비율을 적용받는 기준은 전년도 매출액이기 때문에 일반과세자도 매출이 적으면 경비율 적용이 가능하다.

과거에는 세무 행정의 그물이 지금처럼 촘촘하지 않았기 때문에 세무서 신고용 임대차계약서와 실제 임대차계약서를 따로 작성하는 경우가 많았고, 경비가 별로 발생하지 않는 부동산 임대업의 특성상 매출을 간이과세자 수준에 맞추어 증빙 없이 소득세 신고를 자주 해서 이런 오해가 생긴 것 같다.

하지만 요즘에는 이중으로 계약서를 쓰면 임차인에게 약점만 잡히게 되고, 나중에 임대차 계약이 서로 원만하게 끝나지 않을 때는 국세청에 탈세 제보를 하는 경우도 종종 생겨서 예전보다 이중 임대차계약서를 작성하는 일이 줄었다.

따라서 간이과세자가 일반과세자보다 더 유리하다는 생각은 버리자. 무엇을 선택할지는 다음의 표를 보고 자신에게 맞는 유형을 선택하면 된다.

〔표〕 간이과세와 일반과세 비교

	간이과세자	일반과세자
매출	연간 4,800만 원 미만인 경우	연간 4,800만 원 이상인 경우
세율	3%(부동산 임대업)	10%
세금계산서	발급 불가	발급 가능
부가가치세 환급	불가능	환급 가능
부가가치세 신고 의무	매년 1월 25일까지(1회)	매년 1월 25일, 7월 25일(2회)

간이과세자를 선택하면 초기 개업 비용이 많이 들어도 부가가치세를 환급받을 수 없다. 따라서 오피스텔 등을 분양받아 분양가액

부동산 세금 이렇게 쉬웠어?

에 포함된 건물 부분 부가가치세를 환급받고 싶다면 일반과세자로 사업자등록을 해야 한다.

그리고 이미 일반과세자인 사업장을 가지고 있는 사람이 추가로 사업자등록을 내는 경우에는, 일반과세자로만 사업자등록을 할 수 있다. 사업포괄양수도 조건으로 부동산을 매매하는 경우에도 일반과세자로 사업자등록을 해야 한다.

사무실 임대를 염두에 두고 오피스텔을 분양받아 일반과세자로 사업자등록을 했는데, 임대가 되지 않아 공실인 경우가 종종 있다. 그래서 사무실로 쓰지 않고 주거용 임차인을 구한다면 이는 면세 전용에 해당한다. 일반과세자였던 사업자등록을 면세사업자인 주택임대사업자로 변경하는 것이다.

이럴 때는 환급받았던 부가가치세를 6개월에 5%씩 차감한 후의 금액을 다시 납부해야 한다. 예를 들어 500만 원을 환급받았는데 1년이 지난 후 주거용으로 변경했다면 450만 원(500만 원×90%)을 다시 납부해야 한다. 환급받고 10년이 지난 후에 면세 전용을 하거나 폐업하는 경우에는 부가가치세를 다시 반납할 필요가 없다. 사업자등록을 폐업할 때도 역시 환급받은 부가가치세를 반환해야 한다.

CHAPTER 3

양도소득세 완전 정복

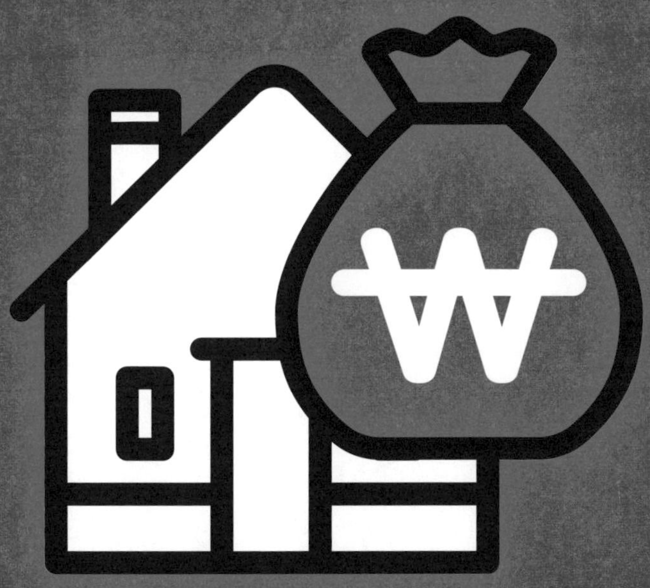

수익률에 가장 큰 영향을 미치는 양도소득세

〈강남 1970〉이라는 영화가 있다. 1970년대를 배경으로 막 개발을 시작한 강남에 대한 사람들의 욕망을 그린 영화다. 경제 개발이 시작된 이후, 부동산 투기가 생겨난 게 그즈음이다. 정부에서는 경제 개발을 위해서 산업에 투자돼야 할 자본이 부동산으로 몰리자 이를 막기 위한 여러 가지 정책을 내놓았다. 그중 대표적인 것이 세금이다. 특히 양도소득세의 역사는 우리나라 부동산 시장의 역사를 좇는다고 할 수 있다.

건물에 대한 양도소득세 과세는 1974년부터 시작됐고, 뒤에서 살펴볼 1세대 1주택 비과세 규정도 이때 시작됐다. 1976년부터는

양도소득세 완전 정복

1세대 1주택에 해당해도 고급주택에는 비과세를 제한하는 규정을 도입했고, 단기 보유 부동산에 대한 높은 세율을 적용하는 중과 규정도 시작됐다.

1988년도에는 양도 차익에서 물가상승률에 해당하는 부분을 제외시켜주는 장기보유특별공제가 도입됐다.

2000년대 초반 주택 시장을 중심으로 부동산 시장이 과열되자 정부는 2003년 '주택 시장 안정화종합대책'을 발표하고, 1세대 3주택 이상 보유자면 보유 기간에 관계없이 60% 세율을 적용하도록 했다. 그 이후에도 부동산 시장이 안정화되지 않았다고 판단하여 다주택자에 대한 규제를 더욱 강화, 1세대 2주택자에게도 50% 세율을 적용했다.

2008년 이후에는 부동산 시장이 안정화되자 다시 다주택자에 대한 양도소득세 중과 규정이 완화되기 시작했고, 2014년 이후에는 1세대 2주택자와 1세대 3주택자에 대한 중과 규정이 사라졌으며, 기본세율을 적용하게 됐다. 단, 투기지역에 있는 3주택자 보유 주택에 대해서는 기본세율+10%의 세율을 적용하는 규정만 남겼다.

이렇게 완화돼가던 양도소득세는, 2017년 8.2 부동산 대책에서 다시 다주택자에 대한 세금을 중과하는 방향으로 선회한다. CHAPTER 1에서 살펴본 것처럼 2018년 4월부터 조정대상지역 내 주택 양도 시 2주택자는 기본세율+10%, 3주택자 이상 보유자는 기본세율+20%을 적용한다. 2주택자 이상 보유자는 장기보유특별공제도 적용을 배제하며, 2018년 1월 1일부터 조정대상지역 내 분양권에 대한 양도소득세율을 보유 기간과 상관없이 50%로 적용하는 것으로 변경했다. 그리고 2017년 8월 3일 이후 조정대 상지역에서 취득하는 주택에 대해서는 1세대 1주택 비과세 요건 에 2년 거주 요건을 추가했다.

양도소득세는 부동산 시장의 흐름을 반영한다

부동산 시장의 부침과 양도소득세의 변화는 그 궤를 같이한다. 즉, 부동산 시장이 움직이면 양도소득세도 따라서 움직인다.

중과 규정이 사라지거나 완화되면 부동산 시장은 침체기일 가능 성이 높다. 반대로 양도소득세에 장기보유특별공제 배제, 각종 중 과 규정이 넘쳐나면 부동산 시장은 활황기일 가능성이 높다. 양도 소득세의 변화에 따라 자신이 부동산 시장을 바라보는 시각과 정 부의 시각이 같은지 다른지 확인할 수도 있는 것이다.

8.2 부동산 대책의 다주택자 중과 규정은 지금까지 정부가 내놓 은 중과 규정 중 최고 수준이다. 3주택자의 경우 양도소득세만 최 고세율 62%(42%+20%, 지방소득세까지 감안하면 무려 68.2%)가 적용되 는데, 거기에 장기보유특별공제까지 배제된다. 달리 생각해보면 정 부가 그만큼 부동산 시장을 활황기라고 여긴다는 뜻이다.

부동산에 대한 세금은 그 종류가 많지만 수익률에 가장 큰 영향을 미치는 것이 양도소득세다. 그러니 부동산에 관심이 있다면 당연히 양도소득세에 대해서는 어느 정도 깊이 있는 수준까지 알아둘 필요가 있다.

양도소득세는 어떻게 계산되나?

본론에 들어가기 전에 양도소득세의 계산 방법부터 살펴보자. 양도소득세는 다음의 과정을 거쳐서 계산된다.

〔표〕 양도소득세 계산 구조

구분	비고
양도가액	실지거래가액
(−)취득가액	실지취득가액
(−)필요경비	부동산 수수료 등 실제 경비
(＝)양도 차익	
(−)장기보유특별공제	1세대 1주택 최대 80%(10년), 그 외 30%(2018년도까지 적용, 2019년 1월 1일 이후 15년 보유해야 적용 가능)

(=)양도소득금액	
(−)소득감면대상 소득금액	조세특례제한법 등에 따른 감면 소득
(−)양도소득기본공제	250만 원(미등기 양도자산은 미적용)
(=)과세표준	
(×)세율	양도소득세율표 참조
(=)산출세액	
(−)감면세액	조세특례제한법상 감면세액
(=)자진 납부할 세액	

항목별로 자세히 살펴보기 전에 먼저 양도소득세의 과세 대상부터 알아보자.

양도소득세의 과세 대상

소득세법은 열거된 대상에 대해서만 세금을 부과하기 때문에 열거되지 않은 자산은 양도하더라도 세금을 부담하지 않는다. 소득세법에서 열거하고 있는 양도소득세 과세 대상 자산은 토지, 건물과 같은 부동산, 아파트당첨권(분양권), 재개발·재건축입주권과 같은 부동산에 대한 권리다. 부동산 외에도 비상장주식, 대주주가 양도하는 상장주식, 골프회원권, 호텔 헬스클럽회원권과 같은 특정 시설물 이용권 등도 양도소득세 과세 대상이다.

참고로 매년 연말, 주식시장에 특별한 악재가 없는데 주가가 급락하는 경우가 있다. 예를 들어 2017년 연말의 주식 보유 수량이 결정되는 2017년 12월 26일에 삼성전자 주가가 전날 대비 3.02% 하락한 2,410,000원으로 마감됐다. 이렇게 하락한 이유는 대주주 요건을 피하려는 물량이 쏟아져 나왔기 때문이다.

TIP 대주주가 뭐길래?

상장 주식은 양도소득세 대상이 아니지만, 대주주인 경우에는 양도소득세 과세 대상이다. 대주주 요건은 2018년 3월 31일까지 코스피는 지분율 1% 또는 종목별 보유액 25억 원, 코스닥 지분율 2% 또는 종목별 보유액 20억 원 기준이지만 기간별로는 다음과 같이 변경된다.

〔표〕 대주주 요건

	2018년 4월 이전	2018년 4월 이후	2020년 4월 이후	2021년 4월 이후
코스피	1%(25억 원)	1%(15억 원)	1%(10억 원)	1%(3억 원)
코스닥	2%(20억 원)	2%(15억 원)	2%(10억 원)	2%(3억 원)

세율도 현행의 20% 단일세율에서 2018년 1월 1일 이후 양도분부터는 과세표준 3억 원 이하는 20%, 과세표준 3억 원을 초과하는 분에는 25% 세율이 적용된다. 주의해야 할 점은 대주주 요건을 판정할 때 개인의 주식 보유분뿐만이 아니라 특수관계인의 주식까지 포함해서 판단한다는 것이다. 최대 주주가 아닌 경우에는 본인을 기준으로 직계존비속(아버지, 어머니, 할아버지, 할머니, 외할아버지, 외할머니)과 배우자까지 특수관계인의 범위에 포함된다.

양도소득세의 기본 개념 이해하기

양도소득세는 과세 대상 자산을 취득 가격보다 오른 가격으로 양도할 때만 낸다. 그런데 가끔 본인이 소유한 토지가 지방자치단체에 도로용지 등으로 수용되는 경우에는 자신이 의사로 매각한 것이 아니므로 양도가 아니라고 생각하고 양도소득세 신고를 하지 않을 때가 있다. 하지만 경매나 공매를 통한 매각, 국가 등에 수용될 때도 매각 대금을 지급받으므로 양도에 해당한다. 그러면 양도가액과 취득가액에 대해서 알아보자.

1) 양도가액

양도가액이란 자산 양도 당시의 양도자와 양수자 간에 실제로 거래한 가액을 말한다.

부동산을 팔 때는 사는 사람과 파는 사람 둘 다 있어야 하고, 가격에 합의해야 한다. 따라서 양도가액은 시가 범위에서 크게 벗어날 수 없다. 급매물은 시가보다 조금 싸게 팔 수도 있고, 인테리어가 잘돼 있는 아파트라면 조금 더 받을 수 있지만 그 범위가 크지는 않다.

상담을 하다 보면 부모와 자식 간에도 매매가 가능하냐는 질문을 많이 받는다. 당연히 대한민국은 자유민주주의국가이기 때문에 부모와 자식 사이에도 부동산 매매가 가능하다. 단, 조건이 있다. 정부 수입의 70% 이상을 책임지는 국세청에서는 부모와 자식 간의 매매 거래는 증여로 추정한다. 하지만 제3자와 거래하는 가격(시가)으로 거래하고, 실제 매매 대금을 주고받은 증거가 있다면 국세청에서도 이를 증여가 아닌 매매로 인정한다. 시가에서 -5%와 +5% 사이 안에 들어오는 가격은 시가의 범위에 있다고 본다.

2) 취득가액

양도가액과 취득가액은 사실 동전의 앞뒷면과 같다. 내가 파는 가격이 나에게는 양도가액이 되지만, 사는 사람에게는 나중에 팔게 될 때의 취득가액이 된다. 그러므로 양도가액이 실지거래가액이라면 취득가액도 실지거래가액이 된다.

3) 환산취득가액

환산취득가액은 실제취득가액을 적용하는 것이 아니라 실제 양도가액의 일정한 비율을 취득가액으로 사용하는 것을 의미한다.

우리나라 양도소득세신고서에서는 1985년 이전에 구입한 부동산을 찾아볼 수 없다. '우리 부모님은 살고 계신 아파트를 1985년에 이전에 구입했는데 무슨 말이지?' 하는 독자도 있을 거다. 이 말의 의미는 다음과 같다.

우리나라 세법에서는 1985년 이전에 취득한 부동산은 1985년 1월 1일에 취득한 것으로 간주한다. 그러면 1985년 이전에 취득한

양도소득세 완전 정복

부동산의 계약서상 가격을 취득가액으로 적용할 수 있을까. 당연히 1985년 이전에 취득한 부동산취득가액은 양도소득세를 계산할 때 취득가액으로 사용할 수 없다. 이때 적용하는 방법이 환산취득가액이다.

종종 20년 이상 한 주택에서 사는 경우, 계약서를 분실하는 사례가 있다. 이럴 때는 매매사례가액, 감정가액, 환산취득가액을 적용할 수 있는데, 실무적으로 환산취득가액이 가장 많이 사용된다. 이때 사용하는 환산취득가액은 다음과 같다.

$$\text{환산취득가액} = \text{실제 양도가액} \times \frac{\text{취득 당시 기준시가}}{\text{양도 당시 기준시가}}$$

1999년 7월에 주택을 취득했으나 당시의 매매계약서를 분실했다. 이 주택을 2018년 4월에 양도가액 15억 원에 매매한다고 가정하고 환산취득가액을 계산해보자.

15억 원에 양도할 때 환산취득가액은 11억2,500만 원으로 계산된다.

이렇게 환산취득가액은 양도가액의 일정 비율로 계산되기 때문에 실지양도가액의 일정 비율로 계산된다. 환산취득가액을 적용할 때는 필요경비를 실제 지출한 금액으로 인정받을 수 없고, 개산공제액이라고 하여 취득 당시 기준시가의 3%를 차감해준다. (위의 사례에서는 516,000,000원×3%=15,400,000원을 필요경비로 인정한다.)

〔표〕 공동주택공시가격(기준시가)

주소지	서울 서초구 반포동 고급빌라 201호		
구분	토지	건물	공동주택공시가격
면적	217m²	142m²	
2017년			688,000,000원
1999년			516,000,000원

어떤 경우에는 실지취득가액보다 환산취득가액으로 계산하는 것이 유리할 수도 있다. 그래서 멀쩡히 가지고 있는 계약서를 분실했다고 하고 환산취득가액을 적용하는 사례도 있다. 위의 사례에서 1999년 7월에 실제 취득한 가격이 8억 원이라면 환산취득가액을 적용하는 게 더 유리하다. 하지만 2006년 6월 이후 취득한 부동산에는 부동산실거래가 신고 제도가 도입됐고, 등기부등본에도 거래 가격이 기재되기 때문에 환산취득가액 적용이 불가능하다. 그리고 세무서에서 실지취득가액이 있음에도 불구하고 환산취득가액을 적용하여 신고한 것으로 의심하는 경우에는 그 이전 계약자나 건설회사를 조사하여 실제 취득가액을 찾아 적용한다는 것에 주의해야 한다.

4) 필요경비

양도소득세를 계산할 때 차감되는 필요경비로는 대표적으로 공인중개사 수수료, 세무사 양도소득세 신고 수수료 등이 있다. 필요경비는 종류가 다양하고 인정되는 것과 인정되지 않는 것의 구분이 중요하므로 따로 자세히 설명하도록 하겠다.

5) 장기보유특별공제

모든 자산은 물가 상승에 따라서 자연스럽게 일정 부분 가격이 상승하는 효과가 있다. 이러한 자연 상승분을 양도소득세를 계산할 때 제외시켜주는 효과가 있는 것이 장기보유특별공제다. 그런데 소득세법에서는 이를 양도소득세 과세 대상이 되는 모든 자산에 적용해주지 않고, 토지·건물 및 원조합원입주권(조합원으로부터 취득한 승계 조합원입주권은 적용 배제)만을 적용 대상으로 한다. 따라서 비상장주식, 대주주가 양도하는 상장주식, 아파트당첨권(분양권), 골프회원권 및 호텔헬스클럽회원권과 같은 특정 시설물 이용권 등은 오래 보유해도 장기보유특별공제를 받을 수 없다. 또 8.2 부동산 대책으로 2018년 4월 1일 이후 다주택자(조합원입주권 포함)가 조정대상지역 내의 주택을 매각할 때도 장기보유특별공제가 적용되지 않는다.

〔표〕 장기보유특별공제 적용 기준

구분	~2018.12.31		2019.1.1~	
적용 대상 및 보유 기간	토지, 건물, 다주택	1세대 1주택	토지, 건물	1세대 1주택
3년 이상	10%	24%	6%	24%
4년 이상	12%	32%	8%	32%

5년 이상	15%	40%	10%	40%
6년 이상	18%	48%	12%	48%
7년 이상	21%	56%	14%	56%
8년 이상	24%	64%	16%	64%
9년 이상	27%	72%	18%	72%
10년 이상	30%	80%	20%	80%
11년 이상			22%	
12년 이상			24%	
13년 이상			26%	
14년 이상			28%	
15년 이상			30%	

6) 소득감면 대상 소득금액과 감면세액

가장 최근의 양도소득세 감면은, 2013년 4월 1일부터 12월 31일까지 6억 원 이하의 신규 분양 주택이나 미분양 주택 또는 1세대 1주택자가 보유한 6억 원 이하 혹은 85m² 이하 주택을 구입할 때 5년 동안 양도소득세를 100% 감면해주는 것이었다(조세특례제한법 제99조의 2에 따름). 이 경우에 취득일로부터 5년 안에 양도하면 세액감면을 적용하고, 5년이 지난 후에 양도하면 5년간에 해당하는 소득을 감면해준다. 후자가 소득감면 대상 소득 금액이고 전자가 감면세액이다.

다음은 5년간의 감면소득을 계산하는 식으로, 감면소득은 앞에서 보았던 환산취득가액을 적용하는 것과 비슷하게 공시가격을 이용해서 계산한다.

$$(전체)양도소득금액 \times \frac{(취득일로부터\ 5년이\ 되는\ 날의\ 기준시가 - 취득\ 당시의\ 기준시가)}{(양도\ 당시의\ 기준시가 - 취득\ 당시의\ 기준시가)}$$

7) 기본공제

양도소득세 과세표준은 양도소득금액에서 양도소득기본공제 연 250만 원을 차감한 금액으로 하는데 토지·건물, 부동산에 관한 권리, 기타 자산을 한 그룹으로 하여 적용한다. 연 250만 원의 의미는 1년에 여러 물건을 양도하는 경우에도 연간 250만 원만 공제가 된다는 의미다. 양도소득금액에서 양도소득기본공제 250만 원을 차감하면 과세표준까지 계산된다. 과세표준에 세율을 곱하면 양도소득세가 계산된다.

8) 세율

양도소득세를 복잡하고 어렵게 여기는 가장 큰 이유는 세율 때문이 아닌가 싶다. 특히 부동산 대책이 나올 때마다 세율이 계속 변경됐기 때문에 토지·건물을 양도할 때 보유 기간 및 비사업용 여부에 따라 7개의 세율이 적용될 수 있다.

〔표〕 부동산 등의 양도소득세율

자산 구분	보유 기간	과세표준 등	일반 세율	비사업용 토지	1세대 2주택	1세대 3주택	누진공제액
토지·건물·부동산에 관한 권리·기타 자산	2년 이상	1,200만 원 이하	6%	16%	16%	26%	없음
		1,200만 원 초과 4,600만 원 이하	15%	25%	25%	35%	108만 원
		4,600만 원 초과 8,800만 원 이하	24%	34%	34%	44%	522만 원
		8,800만 원 초과 1.5억 원 이하	35%	45%	45%	55%	1,490만 원
		1.5억 원 초과 3억 원 이하	38%	48%	48%	58%	1,940만 원
		3억 원 초과 5억 원 이하	40%	50%	50%	60%	2,540만 원
		5억 원 초과	42%	52%	52%	62%	3,540만 원
토지·건물·부동산에 관한 권리	2년 미만	1년 이상 2년 미만	40%(주택은 일반세율)				없음
		1년 미만	50%(주택 40%)				
	조정대상지역 내 분양권		50%(30세 이상 혹은 30세 미만으로 배우자가 있는 무주택 세대로 다른 분양권 없는 경우는 제외)				
	미등기자산		70%				

　2018년도에는 조정대상지역 내 분양권은 보유 기간과 상관없이 중과하는 내용이 추가됐다. 세율표를 보고 이미 눈치 챈 분도 있겠지만 세법에서는 2년 미만으로 보유했다가 파는 부동산은 투기 목적이 있는 것으로 간주한다. 부동산은 최소 2년 이상 보유해야 기본세율을 적용받을 수 있다는 사실을 꼭 기억하자. 그리고 장기보유특별공제는 3년 이상 보유했을 때부터 적용되니 가급적 3년은

보유하는 것이 양도소득세를 조금이라도 절세하는 길이다.

과세표준에 양도소득세율을 곱하면 산출세액이 계산된다. 계산된 산출세액의 10%는 지방소득세로 추가 납부해야 한다. 부동산을 매각할 때 양도소득세 신고는 잔금 청산일과 등기 이전일 중 빠른 날이 속하는 달의 말일로부터 2개월 안에 해야 한다. 2018년 3월 10일에 잔금을 받았다면 5월 31일까지 신고해야 한다는 의미다.

Summary

❶ 양도소득세 과세 대상은 토지, 건물과 같은 부동산, 아파트당첨권(분양권), 재개발·재건축입주권과 같은 부동산에 대한 권리와 비상장주식, 대주주가 양도하는 상장주식, 골프회원권, 호텔 헬스클럽회원권과 같은 특정 시설물 이용권 등이다.

❷ 장기보유특별공제는 토지·건물 및 원조합원입주권만을 적용 대상으로 한다.

❸ 양도소득세는 토지·건물을 양도할 때 보유 기간 및 비사업용 여부에 따라 7개의 세율이 적용된다.

비사업용 토지란?

비사업용 토지란 건물 없이 땅만 보유하고 있는 나대지, 농지소유자가 직접 농사를 짓지 않는 농지 등 실수요에 따라 사용하지 않고 재산 증식 수단의 투기적 성격으로 보유하고 있다고 보는 토지를 의미한다.

등기부등본을 떼어보면 토지의 주된 사용 목적에 따라 토지의 종류를 구분·표시하는 지목을 확인할 수 있다. 지목은 전·답·과수원·목장용지·임야·대(垈)·공장용지·학교용지·주차장·주유소용지·창고용지·도로·철도용지·제방(堤防)·하천·공원·체육용지·유원지·종교용지·사적지·묘지·잡종지 등으로 구분하여 표시된다.

세법에서 토지는 정해진 지목대로 사용될 때 목적에 맞게 사용된다고 보고, 그렇지 않은 경우에는 비사업용 토지로 본다. 즉, 비사업용 토지란 토지의 지목대로 사용되고 있지 않은 토지다. 가장 대표적인 지목인 대지(垈地)를 가지고 자세히 살펴보자.

비사업용 토지 판단의 기준

• 기간 기준

대지는 영어로 'Building site'다. 건물을 짓기 위한 땅이라는 의미다. 즉, 대지에 건물이 없으면 그것은 비사업용일 것이다.

그런데 비사업용 토지인지 아닌지 판단할 때는 양도 당시의 현황만 가지고 판단하지 않는다. 예를 들어 같은 지역에 30년간 보유한 토지 A, B가 있다고 하자. A토지에는 과거 29년 동안 여관으로 사용한 건물이 있었고, 1년 전 건물이 노후화되어 철거된 상태다. B토지는 과거 29년 동안 건물이 없다가 최근에 사무실로 사용하는 건물을 지었다.

현재 이 두 토지를 양도한다면 어느 토지가 비사업용 토지일까. B토지에는 현재 건물이 있고, A토지에는 건물이 없으므로, B토지가 사업용 토지이고 A토지는 나대지인 비사업용 토지일까. 토지도 사람처럼 말을 할 수 있다면 A토지는 무척 억울할 것이다. 29년 동안 자기 위에 무거운 건물을 짊어지고 있었는데 최근에 좀 놀았다고 비사업용 토지라고 한다면 말이다. B토지 또한 29년 동안 놀다가 작년부터 건물을 짊어지고 있다고 해서 갑자기 사업용 토지가 된다면 그것도 불공평

할 것이다.

그래서 세법에서는 비사업용 토지를 판단할 때 다음의 기간 중에 적어도 하나를 충족하도록 한다.

① 양도일 직전 3년 중 2년 이상을 직접 사업에 사용
② 양도일 직전 5년 중 3년 이상을 직접 사업에 사용
③ 보유 기간 중 60/100 이상을 직접 사업에 사용

A토지는 ①, ②, ③ 세 가지 조건을 충족하므로 사업용 토지가 되고, B토지는 한 가지 조건도 충족하지 못하므로 비사업용 토지가 된다. B토지가 사업용 토지로 인정받으려면 앞으로 1년 동안 더 건물을 짊어지고 있어야 한다.

• 면적 기준

아주 큰 토지에 아주 작은 건물을 짓는 등의 꼼수를 가려내기 위해 대지에는 또한 면적 기준도 적용된다. 지역마다 인정하는 배수는 다르지만 보통 주택의 경우 도시지역은 주택의 바닥 면적의 5배, 도시지역이 아닌 지역은 10배가 적용되고, 그 외 일반적인 건축물의 경우 용도지역별로 3~7배까지 적용된다. 결국 토지에 비해서 작은 건물을 지은 경우에는 일부만 사업용으로 인정되고 기준면적을 초과 부분은 비사업용이 된다는 의미다. 참고로 자기가 가지고 있는 토지가 도시지역인지, 어떤 용도 지역인지는 토지이용규제정보서비스(http://luris.molit.go.kr)에서 조회가 가능하다.

〔표〕 일반 건축물의 적용 배수

용도 지역별		적용 배율
도시지역	주거전용지역	5배
	상업지역, 준주거지역	3배
	일반주거지역, 공업지역	4배
	녹지지역	7배
도시지역 외 지역		7배

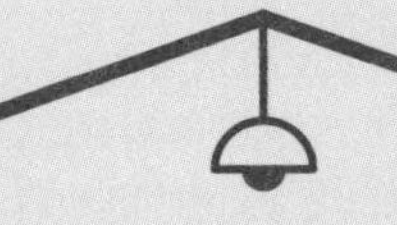

• 농지·임야의 사업용 토지 요건

전·답 등의 농지가 사업용으로 인정받으려면 농지 소재지에 거주하면서 직접 경작해야 한다. 이를 '재촌·자경' 요건이라고 한다.

'재촌'은 농지 소재지와 동일한 시군구 또는 농지 소재지와 연접한 시군구에 살거나, 농지로부터 직선거리 30km 이내 거주하는 것을 말한다. '자경'은 말 그대로 스스로 경작하는 것을 말한다. 국세청에서는 농지의 소유나 실태를 파악·관리하기 위해 작성하는 장부인 농지원부나 (정부가 시장 가격보다 비싼 값에 쌀을 구매해주는 추곡수매제를 폐지하면서 도입한) 실제 농사짓는 사람에게 지급하는 쌀 직불금 내역으로 자경 여부를 확인한다.

그런데 요즘은 직접 농사를 짓지 않는 경우가 많아서 자경을 하지 않을 때 어떻게 사업용으로 인정받을 수 있는지에 대한 문의가 많다. 자경을 못하는 경우라면 한국농어촌공사의 농지은행에 8년 이상 위탁하면 사업용으로 인정받을 수 있다.

임야는 '재촌' 요건만 충족하면 사업용으로 인정받는다. 상속으로 농지나 임야를 취득했다면 상속 개시일로부터 3년까지는 재촌·자경한 것으로 여기기 때문에 상속 개시일로부터 5년 내에 양도하는 경우에 사업용으로 인정받을 수 있다. 양도일 직전 5년 중 3년 이상 직접 사업에 사용했다고 보기 때문이다.

• 주차장을 사업용 토지로 인정받으려면?

건물이 없는 나대지를 가장 적은 비용을 들여 사업용으로 인정받는 방법은 바로 주차장으로 사용하는 것이다. 주차장으로 사용한다고 해서 사업용 토지로 인정받는 것은 아니고, 주차장운영업을 영위하는 자가 소유하고 직접 운영하면서 연간 토지공시지가의 3% 이상의 수입이 발생해야 사업용 토지로 인정한다. 물론 이때도 앞서 본 기간 요건 중 하나는 충족해야 하므로 최소한 2년은 주차장으로 운영해야 한다.

2009년 3월 16일부터 2012년 12월 31일 사이에 취득한 토지는 비사업용 토지에 해당하더라도 중과세율이 아닌 일반세율을 적용받는다.

양도소득세를
적게 내기 위해
공제받아야 할 필요경비

누구나 양도소득세를 적게 내고 싶어 한다. 양도소득세를 적게 내기 위해서는 과세표준을 낮추는 게 중요하다. 과세표준을 낮추기 위해서는 필요경비를 많이 인정받아야 한다.

그러기 위해 내가 챙길 수 있는 공제 항목이 무엇인지 알아보고, 최대한 공제를 받으려면 무엇을 챙겨야 하는지도 알아보자. (설명의 단순화를 위해서 실제로는 취득가액에 해당하는 항목도 있지만 편의상 필요경비로 통칭했다.)

취득할 때 공제받을 수 있는 항목

부동산을 취득할 때는 매도인에게 지급하는 매매가액 외에도 취득세, 법무사 비용, 부동산중개수수료 등이 발생하고 이 비용은 구입한 부동산의 취득가액을 구성하여 나중에 양도 차익을 줄여준다.

복비라고 부르는 부동산중개수수료는 법으로 그 요율이 정해져 있는데, 만일 요율보다 더 많은 수수료를 지급할 때도 모두 필요경비로 인정받는다. 주택도시기금법에 따라 부동산을 산 사람이 소유권 이전 등기를 할 때 부동산 시가표준액의 일정 비율만큼 의무적으로 매입해야 하는 국민주택채권을 매각하면서 생기는 손실도 필요경비로 인정받는다. 또 매입자가 양도소득세를 부담하는 조건으로 구입할 때도 양도소득세를 필요경비로 인정받을 수 있다. 그러나 부동산 매매 계약 과정에서 해약으로 지급한 위약금은 차후에 다른 부동산을 취득할 때 필요경비로 인정받지 못한다.

보유할 때 공제받을 수 있는 항목

부동산을 보유하는 기간 동안 발생한 수리비에는 공제받을 수 있는 항목(자본적지출)이 있고, 받을 수 없는 항목(수익적지출)이 있다.

세법은 부동산의 사용 가능한 기간을 연장시키거나 당해 부동산의 가치를 현실적으로 증가시키는 성격의 수리비를 '자본적지출'이라고 하여 필요경비로 인정해준다. 반면 수익적지출은 부동산의 원상을 회복하거나 능률 유지를 위한 지출을 말한다.

새시 공사, 확장 공사, 상하수도 배관, 보일러 교체, 방범창 설치 등이 자본적지출의 예이고, 벽지, 장판 및 바닥재, 싱크대, 욕조, 문짝 등의 교체, 외벽 페인트 공사, 옥상 방수 공사, 보일러 수리 등이 수익적지출의 예이다.

정확한 비유는 아니겠지만 자본적지출은 임플란트 시술과 비슷하고, 수익적지출은 6개월 한 번씩 할 것을 권장하는 스케일링과 비슷하다. 임플란트 시술은 비싸지만 사람의 저작 기능을 회복시켜 먹는 즐거움을 오래 느끼게 해준다는 면에서 자본적지출에 가깝다. 반면 스케일링은 치아의 치석을 제거시켜줘서 치아를 원상으로 회복시켜 치아의 능률 유지를 주목적으로 한다고 볼 수 있으니 수익적지출에 가깝지 않을까 싶다.

다음 장에서 설명할 재건축초과이익환수제에 따른 부담금도 필요경비로 인정받는다. 하지만 대출 이자 비용과 재산세 및 종합부동산세는 필요경비로 인정받지 못한다.

양도할 때 공제받을 수 있는 항목

양도할 때는 부동산중개수수료, 양도소득세 신고를 위한 세무수수료, 매매계약서상 인도의무를 이행하기 위해 지출하는 명도 비용 등이 필요경비로 인정받는다.

이중 임차인을 내보내기 위해 발생하는 명도비용은 2017년까지는 필요경비가 아니라는 국세청의 입장이 있었으나, 2018년 세법개정이 되면서 매매계약서상에 인도의무조항이 있다면 인정해주는 것으로 개정됐다.

앞에서 살펴본 것처럼 지방자치단체 등에 수용되는 토지도 양도소득세 과세 대상인데, 보통 보상가액으로 인해서 다툼이 벌어지곤 한다. 이때 보상가액 증액을 위한 재결소송비용은 필요경비로 인정받지 못한다. 그리고 취득가액을 환산취득가액으로 적용받는 경우에 취득 당시 기준시가의 3%에 해당하는 금액만을 개산공제액으로 공제받을 수 있으므로, 실제 필요경비로 인정받을 수 있는 항목이 있더라도 공제받지 못한다는 것을 알아야 한다.

적격증빙을 반드시 보관하라

필요경비로 인정되는 항목이라도 적격증빙이라 불리는 세금계산

서, 현금영수증, 신용카드매출전표 등을 보관하고 있을 때만 공제
가 가능한 것이 원칙이다.

그런데 2018년 4월 1일 이후 양도하는 부동산 등은 적격증빙이
없더라도 금융 거래 내역 등으로 확인되면 공제해주는 것으로 개
정됐다. 증빙 요건이 조금은 가벼워졌지만 그래도 적격증빙으로 증
빙을 보관하는 습관을 갖는 게 좋다. 금융 거래 내역만으로 증빙을
입증하는 것이 쉽지 않기 때문이다.

〔표〕 필요경비 예시

	인정되는 항목	인정되지 않는 항목
취득 시	취득세, 인지세, 법무사 비용, 국민주택채권매각차손, 취득 시 부동산중개수수료, 매입자 부담 조건의 양도소득세	부동산 매매 계약의 해약으로 인해 지급하는 위약금
보유 시	**자본적지출 수리비** • 새시 공사, 확장 공사, 상하수도 배관, 보일러 교체, 방범창 설치 • 재건축초과이익환수제에 따른 부담금	**수익적지출 수리비** • 벽지, 장판 및 바닥재, 싱크대, 욕조, 문짝 등의 교체, 외벽 페인트 공사, 옥상 방수 공사, 보일러 수리 • 재산세 및 종합부동산세, 대출 이자
양도 시	양도 시 부동산중개수수료, 양도소득세 신고수수료, 매매 계약상의 인도의무를 이행하기 위해 양도자가 지출한 명도 비용	토지수용보상금 관련하여 증액을 위한 재결소송과 관련된 소송 비용

🗒 Summary

❶ 양도소득세를 적게 내기 위해서는 과세표준을 낮추는 게 중요하고, 과세표준을 낮추기 위해서는 필요경비를 많이 인정받아야 한다.

❷ 취득 시 발생하는 취득세, 법무사 비용, 부동산중개수수료와 보유 시 발생하는 자본적지출에 해당하는 수리비용, 양도 시 발생하는 부동산중개수수료, 세무수수료, 명도비용 등이 필요경비로 인정받는다.

❸ 필요경비를 인정받기 위해서는 적격증빙이라 불리는 세금계산서, 현금영수증, 신용카드매출전표 등을 보관해야 한다.

나눌수록 줄어드는 양도소득세

양도소득세의 기본 개념을 모두 살펴보았다. 이제는 양도소득세를 아낄 수 있는 기본 전략을 살펴보자.

공동명의를 활용하라

양도소득세를 줄이는 가장 단순하지만 효과적인 방법이 바로 명의를 분산하는 것이다. 앞 장에서 보았듯이 누진세율이 적용되는 모든 세금은 공동명의를 활용하면 세금이 줄어든다. 양도소득세는 7단계

초과누진세율이 적용되고, 중과세율이 있다는 점에서 더 절세 효과가 크다.

공동명의는 부동산 취득 단계에서부터 활용하는 것이 가장 좋다. 취득 단계부터 공동명의를 한 경우와 아닌 경우를 비교해보자.

10년 전 2억 원에 취득한 마포구(조정대상지역) 소재 아파트를 현재 6억 원에 양도하는 2주택자가 있다. 필요경비는 없다고 가정하자(공동주택공시가격은 4.2억 원으로 가정한다).

〔표〕 단독명의와 공동명의의 예시

	남편 단독명의	부부 공동명의	
양도가액	600,000,000	300,000,000	300,000,000
취득가액	200,000,000	100,000,000	100,000,000
필요경비			
양도 차익	400,000,000	200,000,000	200,000,000
장기보유특별공제	적용 배제	적용 배제	적용 배제
양도소득금액	400,000,000	200,000,000	200,000,000
양도소득기본공제	2,500,000	2,500,000	2,500,000
과세표준	397,500,000	197,500,000	197,500,000
세율	50%	48%	48%
양도소득세	173,350,000	75,400,000	75,400,000
지방소득세	17,335,000	7,540,000	7,540,000
총 부담세액	190,685,000	82,940,000	82,940,000

처음부터 공동명의를 했다면 양도소득세가 165,880,000원

(82,940,000원×2명)으로, 단독명의일 때보다 24,805,000원 적다.

이미 단독명의라도 공동명의로 바꿀 수 있다. 증여를 활용하는 것이다. CHAPTER 7에서 자세히 살펴보겠지만 가족 간에는 10년 동안 일정 금액을 무상으로 받아도 증여세가 없다. 그 금액을 증여재산공제액이라고 하는데 내용은 다음과 같다.

〔표〕 증여재산공제

항목	공제 내용	비고
배우자	6억 원	
직계존비속	5,000만 원(미성년 2,000만 원)	수증자 기준 10년간 공제 금액
기타 친족	1,000만 원	

증여재산공제액 범위 안에서 증여하면 공동명의로 바꿔도 증여세는 없고, 취득세만 부담하면 된다. 아무래도 증여재산공제액이 가장 큰 배우자와 공동명의를 하는 것이 가장 유리할 것이다.

부동산을 증여하면 공동명의가 되는 것 외에 또 한 가지 장점이 더 있다. 취득가액을 올릴 수 있다는 점이다. 보유한 지 오래된 부동산은 취득가액이 낮은 경우가 많다. 취득가액이 낮으면 당연히 양도 차익이 클 수밖에 없다.

이때 배우자에게 일정 부분을 증여하면 배우자의 취득가액은 증여 당시의 부동산 평가 금액이 되므로 배우자 명의의 취득가액이 원래 취득했을 때의 가격보다 높아진다. 예를 들어 마포구의 아파트를 지금 양도하면 양도소득세 부담이 커서 계속 보유하기로 하고, 지분의 50%를 시가로 평가하여 증여하기로 했다. 그러면 취득가액이 어떻게 바뀔까.

원래 취득가액은 2억 원이었지만, 배우자에게 증여한 후에는 남편 지분 1억 원, 부인 지분 3억 원으로 부동산 전체의 취득가액이 4억 원으로 높아져 그만큼 양도 차익이 줄어든다. 물론 취득세 8,400,000원(420,000,000 원×50%×4%)은 부담해야 한다.

〔표〕 배우자에게 50% 증여 후 취득가액

	남편 단독명의	남편 지분	부인 지분
취득가액	200,000,000	100,000,000	300,000,000

▶ (단위: 원)

배우자에게 증여하라

만약 부인에게 100%를 증여하면 취득세로 16,800,000원(공시가격 420,000,000원×4%)을 부담해야 하지만 취득가액은 6억 원으로 높아진다. 취득가액 6억 원에 양도하면 양도 차익이 없으므로 양도소득세를 내지 않아도 된다. 취득세를 냈지만 양도소득세를 한 푼도 내지 않으므로 남는 장사임이 분명하다.

그런데 국세청이 이를 가만히 보고 있을 리가 없다. 세법에서는 이를 '배우자 이월과세'라고 하여, 만약 배우자가 부동산을 증여받고 5년 이내에 양도하면 증여 당시의 평가 금액이 아닌 원소유자였던 남편의 취득가액으로 양도소득세를 계산하게 하고 있다. 따라서 증여를 통해 취득가액을 높이려면 증여일로부터 5년이 지난 후에 양도해야 한다.

참고로 부동산에 대한 권리인 아파트당첨권(분양권)에는 배우자 이월과세가 적용되지 않는다. 분양권은 배우자에게 증여 후 바로 양도해도 괜찮다는 의미다. 그리고 분양권은 취득세도 부담하지 않는다.

잔금일을 조절하라

양도소득세는 한 해 동안에 양도한 모든 부동산의 양도 차익을 합산해서 세금을 계산한다. 따라서 부동산을 양도할 때 양도 시기의 기준이 되는 잔금청산일을 조절할 수 있다면 한 해에 2개 이상의 양도가 이루어지지 않도록 해야 절세할 수 있다.

예를 들어 하나는 12월에 잔금을 받고, 다른 하나는 다음 연도 1월에 잔금을 받으면 시기적으로 1개월 간격으로 양도하는 셈이지만 양도 차익은 합산되지 않는다.

🔖 Summary

❶ 양도소득세를 줄이는 가장 효과적인 방법은 공동명의를 활용하는 것이다.

❷ 취득 시 공동명의를 하지 않아도, 부부 간 증여를 통해 공동명의로 바꿀 수 있다. 증여하면 취득가액이 높아져 양도 차익이 줄어드는 효과가 있다.

❸ 증여를 통해 취득가액을 높이려면 증여일로부터 5년이 지난 후 양도해야 한다.

이익이 난 부동산과 손해 본 부동산을 합산하라

한 해 동안 양도한 모든 부동산의 양도 차익을 합산해서 양도소득세를 계산하지만, 만일 손해를 보고 팔아서 양도 차손이 발생한 경우에도 이를 양도 차익과 합산할 수 있다. 이익이 발생한 부분에서 손해가 발생한 부분을 빼준다는 의미다.

양도 차익이 나는 부동산을 양도하고, 나중에 양도 차손이 발생한 부동산을 양도할 때 양도 차손만큼 양도 차익을 공제받을 수 있어서 먼저 신고한 세금 중 더 낸 부분은 환급받을 수 있다.

그리고 양도 차손은 부동산뿐만 아니라 분양권과 같은 부동산에 대한 권리에도 발생한다. 분양권을 마이너스 프리미엄으로 판매하여 양도 차손이 발생한 후, 아파트 등을 양도하여 양도 차익이 발생했다면 이를 상계할 수 있다.

2007년 즈음에 취득한 골프회원권의 가격은 대부분 구입 당시의 절반 이하로 폭락했다. 그런데 앞에서 보았듯이 골프회원권과 같은 특정 시설물 이용권도 양도소득세 과세 대상이다. 비싸게 산 골프회원권을 양도하면 대부분 억대의 양도 차손이 발생한다. 골프회원권에서 발생한 양도 차손도 부동산 등을 양도한 경우의 양도 차익과 합할 수 있기 때문에, 거액의 양도 차익이 발생하는 부동산을 양도할 계획이라면 보유하고 있는 골프회원권을 같은 해에 양도하는 것도 양도소득세를 줄이는 방법이다.

이에 반해 양도소득세 과세 대상인 주식은 손해를 보고 팔아도 부동산의 양도 차익과 상계되지 않는다. 양도소득의 합산과세 규정은 주식과 주식 외의 자산으로 구분해서 계산하기 때문이다. 복잡한 내용이니 주식은 부동산과 합산되지 않는다는 내용 정도만 알아두자.

CHAPTER 4

주택 수별
절세 전략

1주택자를 위한 절세 전략

양도소득세에 대한 내용 중 꼭 하나만 알아야 한다면 나는 '1세대 1주택 비과세'를 꼽겠다. CHAPTER 2에서 보았듯, 열거된 과세 대상 소득이지만 정책상의 이유 등으로 국가가 그 소득에 대한 세금 걷을 권리를 포기한 소득을 비과세 소득이라고 한다. 소득세법 제89조에 열거하는 비과세 양도소득은 다음의 세 가지뿐이다.

① 파산 선고에 의한 처분으로 인하여 발생하는 소득

② 농지의 교환 또는 분합으로 인하여 발생하는 소득

③ 1세대 1주택과 부수 토지

그런데 이 세 가지 중 우리가 접할 수 있는 비과세는 1세대 1주택 비과세밖에 없다고 해도 과언은 아니다. 파산해서 받는 비과세가 무슨 의미가 있으며, 농사를 짓더라도 농지를 교환하는 일이 얼마나 있겠는가.

현실적으로 받을 수 있는 유일한 혜택이면서 남들은 다 받는 혜택인데 나만 못 받는다면 그것만큼 억울하고 속 터지는 일은 없을 것이다. 시험을 볼 때 제일 억울할 때가 남들 다 맞는 문제를 나 혼자 틀릴 때 아니겠는가.

1세대 1주택 비과세는 양도일 현재, 거주자가 국내에 2년 이상 보유한(조정대상지역에서 2017년 8월 3일 이후 취득한 주택은 2년 거주 요건 추가) 9억 원을 초과하지 않는 1세대 1주택에 대해서 양도소득세를 과세하지 않는다는 내용이다. 비과세 요건을 세분하면 다음과 같다.

① 거주자인 1세대가 국내에 1주택을 소유할 것.
② 2년 이상 보유할 것(2017년 8월 3일 이후 조정대상지역에서 취득한 경우 2년 이상 거주).
③ 주택의 양도 가격이 9억 원을 넘지 않을 것.
④ 주택의 부수 토지(도시지역 내 건물 정착 면적의 5배, 도시지역 밖은 10배)를 포함.

요건이 하나라도 충족되지 않으면 비과세를 받을 수 없다. 해당 요건들에 대해 하나씩 자세히 살펴보자.

거주자만 비과세 혜택을 받을 수 있다

비과세 혜택은 거주자만 받을 수 있다. 비과세 혜택뿐 아니라, 10년 동안 세금 없이 재산을 무상으로 증여할 수 있는 증여재산공제도 거주자에게만 혜택을 준다.

왜 국세청은 통 크게 모두에게 이런 혜택을 주지 않고 거주자에게만 혜택을 주는 걸까. 앞에서 비과세와 감면을 설명하면서 잠깐 언급했지만, 중요한 내용이니 다시 한 번 정리하려고 한다.

거주자인지의 여부에 따라 국가의 과세권이 미치는 범위가 달라진다. 만약 내가 비거주자라면 한국 국세청은 내가 한국에서 벌어들이는 소득에 대해서만 과세권을 갖지만, 내가 거주자라면 한국뿐 아니라 전 세계에서 벌어들인 소득 전체에 대해서 과세권을 갖는다.

거주자와 비거주자의 구분은 결국 나라 간의 과세권 다툼으로 볼 수 있다. 왜냐하면 전 세계 국가 중 거주자로 속할 수 있는 나라는 결국 한 국가뿐이기 때문이다. 양쪽 국가를 왔다 갔다 하면서 생활하는 사람이라도 두 나라에 모두 거주자나 비거주자가 될 수 없고, 한쪽 국가의 거주자이면서 다른 한쪽의 비거주자가 될 수밖에 없다. 그래서 실제 두 나라에 모두 거주하는 이중거주자라도 결국

주택 수별 절세 전략

은 국가 간의 조세조약에서 정한 요건을 따져 두 국가 중 한쪽을 거주지국으로 결정해야 한다.

몇 년 동안 언론에서 요란하게 다뤘던 '홍콩 선박왕'의 이야기가 있다. 이 사람은 국내, 홍콩, 일본을 오가며 생활했는데, 국세청은 이 사람을 국내 거주자로 간주하고 홍콩에서 벌어들인 소득까지 세금을 내야 한다고 판단했고, 당사자는 자신이 비거주자이므로 한국에서 번 소득에 대해서만 신고하면 된다고 판단하여 재판까지 가기도 했다. 어쨌든 간단하게 정리하면 거주자는 세금을 더 많이 내야 하니, 비과세 혜택도 거주자에게만 주겠다는 것이다.

그런데 많은 사람이 거주자에 대해서 오해하는 점이 있다. 국적과 거주자를 동일하게 생각하는 것이다. 보통 대한민국 국적이 있으면 한국 거주자, 미국 시민권자이면 한국 비거주자라고 생각한다.

그런데 세법상 거주자와 비거주자의 구분은 국적과 무관하다. 우리나라 세법에서는 거주자를 판정할 때 영주권이나 국적이 아닌 실제 거주지와 생활기반이 어디에 있느냐를 더 중요하게 여긴다. 예를 들어 한국에서 활동하는 외국 국적의 연예인들이 한국에서 1년 중 183일 이상 체류하고, 소득도 한국에서 주로 발생하면서, 소유 재산도 한국에 더 많다면 한국 거주자가 되는 것이다.

조세조약이란 국제간의 거래에 있어, 동일한 소득에 이중으로 과세하는 것을 방지하기 위해 국가 간에 체결한 이중과세방지조약을 말한다.

예를 들어 일본에서 근무하다 중간에 한국으로 귀국한 사람이 있는데, 일본에서도 소득세를 납부하고 한국에서도 소득세를 납부해야 한다면 하나의 소득에 이중으로 세금을 납부하는 것이 된다. 이러한 이중과세를 방지하기 위해 체결하는 것이 조세조약이다.

일본에서 소득세를 납부했다면 한국에 소득세를 신고하면서 일본에서 납부한 세금은 공제받을 수 있다. 즉, 한쪽 국가에만 세금을 납부하면 된다. 물론 한국과 일본의 세율 차이에 따른 세금은 추가로 납부할 수도 있다. 우리나라는 2018년 1월 현재 미국, 일본, 중국 등 93개 국가와 조세조약을 체결하고 있다.

세대의 범위를 정확히 알아야 한다

1세대 1주택 비과세에서 가장 주의해야 하는 부분이 세대의 범위다. 한 세대가 가지고 있는 주택 수가 1개인 경우에만 비과세를 해주기 때문에, 세대의 범위에 대해서 잘 파악해야 한다.

세법에서 '1세대'란 거주자 및 그 배우자가 그들과 동일한 주소나 거소에서 생계를 같이하는 가족과 함께 구성하는 1세대를 의미한다. 이때 가족은 거주자와 그 배우자의 직계존비속(그 배우자를 포함) 및 형제자매를 말하며 취학, 질병의 요양, 근무상 또는 사업상의 형편으로 본래의 주소에서 일시퇴거한 자를 포함한다.

세대의 범위에 본인의 형제자매와 배우자의 형제자매는 포함되지만, 형제자매의 배우자는 포함되지 않는다는 점도 알아둬야 한다. 예를 들어 형제가 함께 살고 있는데, 형이 주택을 소유하고 있고, 동생도 주택을 소유하고 있다면 이때는 1세대 2주택이 된다. 하지만 동생이 아닌 동생 아내의 명의로 주택을 소유하고 있다면 1세대 1주택이다.

세법에서는 세대의 기본 단위를, 본인과 배우자로 이루어진 2인으로 보고 있다. 원칙적으로 배우자가 없는 단독세대는 인정받을 수 없고, 부부라면 세대분리를 하여 각자가 주민등록상의 세대주로 등재해도 1세대로 판정한다. 예를 들어 부부가 회사 때문에 어쩔 수 없이 서울과 부산에 각자 주소지를 두고, 각자가 세대주로 등재돼 있어도 항상 같은 세대로 본다는 의미다.

최근 1인 가구가 늘고 있는데, 1인 가구라고 해서 무조건 1세대로 보는 것도 아니라는 점에 주의해야 한다. 세법에서는 배우자가 없는 단독세대를 인정하고 있지 않기 때문이다. 다만 미혼 거주자의 연령이 만 30세 이상이거나, 배우자가 사망하거나 이혼했거나, 만 30세가 되지 않더라도 거주자의 소득이 중위소득의 100분의 40 수준(최저생계비) 이상이면 독립세대로 인정받을 수 있다.

가구원 수		1인	2인	3인	4인
기준 (중위소득의 40%)	2017년	661,172	1,125,779	1,456,366	1,786,952
	2018년	668,842	1,138,838	1,473,260	1,807,680

▶ (단위: 원)

세대분리를 한다고 비과세 혜택을 받는 것은 아니다

1세대 1주택자만이 비과세 혜택을 받을 수 있다고 했다. 그러면 한 세대에 두 채의 주택을 소유하고 있는데, 일시적으로 세대분리하여 양도하면 비과세 혜택을 받을 수 있을까.

상담을 하다 보면 세대분리를 쉽게 생각하는 사람들이 많다. 예를 들어 아버지 명의의 주택에서 부모와 취업한 자녀가 함께 살고 있다고 하자. 자녀와 아버지에게는 각각 소유한 집이 있고, 어머니 소유의 집은 없는 상태다. 이때 부모가 자녀의 주소지를 친척 집에 옮겨 놓고 부모 소유의 집을 팔고, 다시 새 주택을 구입해서 이사를 한다. 그리고 다시 자녀의 주소를 부모의 집으로 옮기면 세대분리를 인정받아 비과세 혜택을 받을 수 있을까.

실제로 비과세 혜택을 못 받을 확률이 높다. 왜냐하면 세대의 정의에서 취학, 질병의 요양, 근무상 또는 사업상의 형편으로 본래의 주소에서 일시퇴거한 자까지 가족에 포함하기 때문이다.

잠시 부모님과 주소지를 분리하여 실제 그곳에 살았더라도, 국세청에서 일시퇴거한 것으로 본다면 1세대 1주택이 아닌 1세대 2주택이 되어 세금을 내야 한다. 실제로 주택을 소유한 자녀의 주소지를 이모 집으로 옮겨 1세대 1주택 조건을 만든 후, 강남의 20억 원 상당의 고가주택을 양도하고 1세대 1주택으로 신고한 사례에, 국세청이 세금을 부과한 적이 있다. 국세청은 자녀가 이모 집에 주소를 두었던 3개월의 기간을 일시퇴거한 것으로 판단한 것이다. 이처럼 일시퇴거자는 세대에 포함이 된다는 것을 명심해야 한다.

그렇다면 일시퇴거자를 구분하는 기준은 무엇일까.

일시퇴거자의 기준이 명확하지는 않지만, 다수의 세무사들은 실무적으로 1년은 세대가 분리돼야 한다고 말한다. 이 기간 동안 실제 세대를 분리해도 국세청에서 일시퇴거자로 보는 경우도 있기 때문에, 실제로는 같이 살면서 주소만 위장 전입하는 경우에는 비과세를 인정받지 못할 확률이 더 높다.

보유 기간과 거주 기간을 정확히 계산하라

보유 기간은 취득일부터 양도일까지의 기간을 계산하면 되므로 논란의 여지가 없다. 그리고 거주 기간도 원칙적으로 주민등록표상의 전입일로부터 전출일까지의 기간을 계산한다. 2년 연속 거주해야 하는 것은 아니고, 1년 거주했다가 2년은 전세를 주고 다시 1년을 사는 식으로 띄엄띄엄 2년을 채워도 상관없다.

그리고 당연히 소유권을 취득한 이후에 거주한 기간으로 2년 거주 여부를 판단한다. 예를 들어 전세로 거주하던 집을 취득한 경우에도, 임차인으로 살던 기간은 제외된다는 의미다.

그런데 소유 주택을 세입자에게 임대했음에도 불구하고 거주 요건을 채우기 위해 주민등록을 소유 주택의 소재지로 하는 경우는 있을 수 있다. 동일 주소지에 집주인과 세입자가 동시에 주민등록된 경우가 그것이다. 이때 단독주택이나 다가구주택처럼 집주인과 세입자가 동시에 거주할 수 있는 주택이라면 괜찮지만, 아파트처럼 소유자와 세입자가 함께 거주할 수 없는 주택이고 세입자가 실제 거주한 것이 확인되면 집주인의 거주 기간은 인정받기 어렵다.

고가주택도 비과세 혜택을 받을 수 있다

1세대 1주택 비과세는 소유한 주택이 9억 원 이하일 때 받을 수 있다. 공동 소유하는 주택은 그 소유 지분에 관계없이 1주택 전체를 기준으로 고가주택에 해당하는지 판단한다. 예를 들어 부부 공동명의를 한 10억 원의 주택은, 부부 각각의 지분이 5억 원이지만 주택 전체 가격은 10억 원이므로 고가주택에 해당한다.

그러면 9억 원이 넘는 고가주택은 비과세를 전혀 받지 못하는 것일까. 비과세 요건을 갖춘 고가주택은 9억 원을 초과하는 부분에 대해서만 세금을 내면 된다.

$$\textcolor{red}{\text{고가주택 양도 차익} = \text{전체 양도 차익} \times \frac{\text{양도가액} - 9\text{억 원}}{\text{양도가액}}}$$

예를 들어 6억 원에 취득해서 12억 원에 양도하는 비과세 요건을 갖춘 고가주택은 양도 차익 6억 원(12억 원-6억 원) 중에 9억 원을 초과하는 부분인 1억5,000만 원에 대해서만 세금을 부담하면 된다.

$$\textcolor{red}{(12\text{억 원}-6\text{억 원}) \times \frac{(12\text{억 원}-9\text{억 원})}{12\text{억 원}} = 1\text{억}5{,}000\text{만 원}}$$

그리고 1세대 1주택 비과세 요건을 갖춘 고가주택의 경우, 10년 보유할 때 장기보유특별공제를 최대 80% 적용해주므로 10년 이상 보유했다면 실제 세금을 부담하더라도 대부분 양도가액의 1~2%만 부담하면 된다.

주택 부수 토지의 비과세 조건

도시지역은 건물 면적의 5배(도시지역 외 10배)까지만 주택의 부수 토지로 보아 비과세되고, 초과하는 부분은 비사업용 토지인 나대지로 보아서 기본세율+10% 세율이 적용된다.

주택에 해당하는지 여부는 등기부등본이나 건축물대장상의 용도가 아닌 실제 용도를 기준으로 판단한다. 건축물대장상에는 사무실 등으로 기재돼 있더라도 실제 사용용도가 거주용이면 주택으로 판단한다. 그리고 건축법상 관할관청에 적법한 신고절차나 허가절차를 받지 못한 무허가주택일지라도 주택으로 판단한다는 점을 주의해야 한다.

Summary

❶ 양도소득세 비과세를 받으려면 양도일 현재, 거주자가 국내에 2년 이상 보유한(조정 대상지역에서 2017년 8월 3일 이후 취득한 주택은 2년 거주 요건 추가) 9억 원을 초과하지 않는 1세대 1주택에 해당해야 한다.

❷ 1세대 1주택 비과세 요건을 갖춘 고가주택은, 10년 보유할 때 장기보유특별공제를 최대 80% 적용해주므로 대부분 10년 이상 보유하면 실제 세금을 부담해도 양도가액의 1~2%만 부담하면 된다.

주택 수에 포함되는 주택의 종류

주택 수에 따라서 세금의 차이가 많이 생기기 때문에 해당 주택이 주택 수에 포함되는지의 여부가 중요하다. 주택 수에 포함되는 주택의 종류와 주택 수를 계산하는 법에 대해 알아보자.

1. 지분으로 가지고 있는 주택

주택을 지분으로 일부만 가지고 있는 경우라면 주택 수를 어떻게 계산해야 할까. 세법에서는 지분으로 가지고 있는 주택도 1개로 계산한다. 예를 들어 주택을 1개씩 이미 가지고 있는 형과 동생이 투자 목적으로 아파트를 함께 구입하는 경우에 형의 주택 수는 1 + 1 = 2개, 동생의 주택 수도 2개로 계산된다. 형제가 가지고 있는 주택 수는 3개이지만 세법에서는 형이 2개, 동생이 2개를 가지고 있는 것으로 본다.

2. 공동상속주택

상속으로 여러 사람이 공동으로 1주택을 소유하게 될 때는, 지분이 가장 많은 사람의 주택으로 보고 나머지 소수 지분자는 주택이 없는 것으로 본다. 지분이 모두 동일하다면 당해주택에 거주하는 자, 거주하는 자가 없다면 최연장자의 주택으로 본다.

3. 다가구주택과 다세대주택

다가구주택과 다세대주택은 겉모양만 봐서는 구분하기 어렵다. 다가구주택은 건축면적이 660m² 이하이고, 3층 이하, 19가구 이하의 주택으로 호수별로 구분등기가 돼 있지 않은 주택이다.
다세대주택은 건축면적이 660m² 이하이고, 4층 이하, 19가구 이하의 주택으로 호수별로 구분등기가 돼 있는 주택이다.
다가구주택은 여러 가구가 살고 있더라도 1개의 주택으로 계산되지만, 다세대주택은 구분등기된 각 호수를 1개의 주택으로 간주하므로 주택 수는 최대 19개로 계산된다.

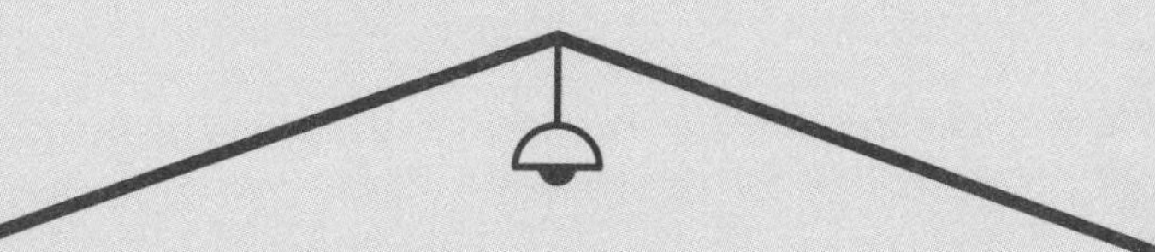

4. 조합원 입주권

입주권이란 재건축·재개발 사업의 조합원이 관리처분계획에 따라 새로 지어지는 아파트를 받을 수 있는 권리를 말한다. 주택청약제도에 따라서 당첨된 분양권과 비슷해 보이지만, 성격은 완전히 다르다. 분양권은 단순한 권리에 불과해서 주택 수에 포함되지 않지만, 입주권은 권리이면서 주택 수에 포함된다. 재건축·재개발 아파트에 대한 양도소득세 내용은 따로 살펴볼 예정이니 입주권이 분양권과 달리 주택 수에 포함된다는 내용만 기억하자.

5. 오피스텔

CHAPTER 1에서 살펴본 것처럼 오피스텔은 용도에 따라 사무실이 될 수도 있고 주택이 될 수도 있는데, 실제 용도가 주거용이라면 주택 수에 포함된다.

2주택자를 위한
절세 전략

주택의 비과세는 원칙적으로 1주택에 한해서만 적용받을 수 있지만, 경우에 따라 1세대 2주택이나 1세대 3주택도 적용받을 수 있다. 대표적으로 이사를 목적으로 구입한 주택이 이에 해당된다.

이사로 인한 일시적 2주택일 때

이사 등을 목적으로 새로운 주택을 구입하여 일시적으로 2주택이 된 경우에, 새로운 주택을 취득한 날로부터 3년 이내에 기존주택을 양도하면 비과세를 받을 수 있다. 여기서 취득은 보통 유상 매매만을 생각하지만 증여도 포함된다.

　주의해야 할 점은 기존주택을 취득한 날로부터 1년 이상 지난 후에 새로운 주택을 구입한 경우에만 해당된다는 것이다. 즉, 기존주택을 구입한 지 1년이 지나지 않은 상태에서 새로운 주택을 구입한다면 이사 등을 위한 대체 취득의 목적이 아닌 투기적 목적으로 간주한다.

　실제로 상담을 하다 보면 기존주택을 구입한 후 1년이 지나 새로운 주택을 구입해야 하는 요건을 충족하지 못해서 비과세를 받지 못하는 경우가 많다. 또 하나 주의해야 할 점은 기존주택을 팔 때만 혜택을 준다는 것이다. 신규로 취득한 주택은 비과세 요건을 충족시킨 후에 팔더라도 혜택을 받지 못한다.

　이 두 가지를 유의하고 주택을 매매하면 재테크 효과를 강력하게 누릴 수 있다.

　비과세 혜택을 받으려면 기존주택 취득일로부터 1년 지난 후 신규주택을 취득하고, 기존주택을 2년 이상 보유 및 거주한 후에 신규주택 취득일로부터 3년 내에 기존주택을 양도하면 된다. 간단하게 1-2-3 법칙으로 기억하면 편하다. 이사를 위한 일시적 2주택만 잘 활용하면 평생 주택에 대한 양도소득세를 내지 않을 수도 있다.

동거봉양 또는 혼인으로 인한 2주택일 때

60세 이상인 부모님을 모시기 위해 자녀가 부모님과 합가하여 2주택이 되거나 각각 주택이 있는 남녀가 결혼하여 2주택이 됐다면 부모님과 합가한 날로부터 10년 이내, 혼인일로 5년 이내에 먼저 양도하는 주택은 비과세를 받을 수 있다.

2017년도까지는 두 경우 모두 5년 이내 양도 조건이었으나, 부모님을 모시는 동거 봉양은 양도 기간을 10년으로 기간을 늘려주었다.

상속받은 주택이 있을 때

상속받은 주택(이하 상속주택)과 원래 가지고 있던 비과세 요건을 충족한 주택(이하 일반주택)이 있을 때, 상속주택과 일반주택 중 일반주택을 먼저 양도하면 비과세를 적용받는다. 이를 상속주택특례라고 한다. 이때 상속되는 주택이 여러 채라고 해서 모두 상속주택특례를 받을 수 있는 것은 아니다. 상속주택 중 단 한 채만 상속주택특례를 받을 수 있는데, 특례를 받을 수 있는 주택은 다음의 내용을 따른다.

① 피상속인이 소유한 기간이 가장 긴 주택.

② 피상속인의 거주 기간이 가장 긴 주택.

③ 피상속인이 상속 개시 당시 거주한 주택.

④ 기준시가가 가장 높은 주택(기준시가가 같으면 상속인이 선택).

그리고 상속 개시 당시에 1주택을 소유한 자가 동일 세대원으로부터 상속받아 2주택이 되면 상속주택특례가 적용되지 않는다. 예를 들어 아버지와 어머니가 각각 주택을 가지고 있던 상태에서 아버지가 사망하여, 아버지의 주택을 어머니가 상속받으면 상속주택특례가 적용되지 않는다.

상속주택특례를 적용받을 때 주의해야 할 점은, 일반주택을 먼저 팔 때만 비과세 혜택을 받을 수 있다는 것이다. 즉, 파는 순서가 중요하다. 내 집부터 팔아야 비과세라는 것을 잊지 말자.

일시적 3주택일 때

앞에서 설명한 일시적 2주택 상황과 비슷한 이유로 일시적 1세대 3주택이 될 수도 있는데, 이때도 비과세는 가능하다. 예를 들어 이사로 인해 일시적 2주택이면서 상속받은 주택이 함께 있다면 1세대 3주택이지만, 이때도 일시적 2주택 요건을 충족하면 비과세 혜택을 받을 수 있다.

〔표〕 비과세가 적용되는 일시적 3주택

유형	비과세 특례 적용 요건
일반주택(A)＋상속주택(B)＋다른 주택(C)	C주택 취득일로부터 3년 이내 양도하는 A주택
일시적 2주택(A, B)＋혼인 합가주택(C) 혹은 동거봉양 합가주택(C)	① B주택 취득일부터 3년 이내 양도하는 A주택 ② A주택 양도 후 합가일부터 5년(10년) 이내 양도하는 B주택 또는 C주택
혼인합가 2주택(A, B) 또는 동거봉양 합가 2주택(A, B)＋다른 주택(C)	① 합가일부터 5년(10년) 이내 및 C주택 ② 취득일로부터 3년 이내 양도하는 A주택 또는 B 주택

Summary

❶ 2주택자가 비과세 혜택을 받으려면 기존주택 취득일로부터 1년 지난 후 신규주택을 취득하고, 기존주택을 2년 이상 보유 및 거주한 후에 신규주택 취득일로부터 3년 내에 기존주택을 양도하면 된다. 이를 일시적 2주택이라 한다.

❷ 60세 이상 부모님을 모시기 위해 자녀가 부모님과 합가하거나 주택이 있는 남녀가 결혼하여 2주택이 됐다면 부모님과 합가한 날로부터 10년 이내, 혼인일로 5년 이내에 먼저 양도하는 주택에 대해 비과세를 받을 수 있다.

❸ 상속받은 주택과 원래 가지고 있던 비과세 요건을 충족한 주택이 있을 때, 일반주택을 먼저 양도하면 비과세를 적용받는다. 이를 상속주택특례라고 한다.

양도소득세 중과에서 제외되는 집이 있다고?

2018년 4월 1일 이후에 주택을 양도하는 다주택자는 장기보유특별공제를 적용받지 못하고, 2주택자는 기본세율＋10％, 3주택자는 기본세율＋20％ 세율이 적용된다고 말했다. 그런데 다주택자가 보유한 주택 중 양도소득세 중과에서 제외되는 주택이 있다.

3주택자의 주택 중 중과에서 제외되는 주택

수도권·광역시·세종시 이외 지역에 있으면서, 양도 당시 기준시가

3억 원 이하 주택은 양도소득세 중과 대상 주택에서 제외된다. 광역시·세종시에 속하더라도 읍·면 지역에 있는 기준시가 3억 원 이하의 주택도 양도소득세 중과 대상에서 제외된다.

예를 들어 충청남도 당진시에 기준시가 3억 원이 안 되는 주택을 100채 가지고 있어도 중과가 적용되지 않는다. 지방 기준시가 3억 원 이하 주택은 중과 주택에서 제외될 뿐 아니라 중과 규정을 적용할 때 보유 주택 수에서도 제외된다는 점이 특이하다. 다른 중과 제외 주택들은 해당 주택을 양도할 때만 중과 적용이 배제된다는 점에서 차이가 있다.

그리고 (CHAPTER 5에서 자세히 살펴볼) 준공공임대주택 등으로 등록하여 8년 이상 임대한 주택과 조세특례제한법상의 감면주택도 중과 대상에서 제외된다. 조세특례제한법상 감면주택은 IMF 사태 이후 부동산 경기가 좋지 않은 때마다 계속 나왔기 때문에 종류가 매우 많다. 본인이 가지고 있는 주택이 특례주택에 해당하는지는 조세특례제한법상의 조문을 반드시 확인하여 정확하게 아는 것이 중요하다. 국세법령정보시스템(https://txsi.hometax.go.kr/docs/main.jsp)을 이용하면 확인하기 쉽다. 기타 3주택자 중과 제외 주택은 다음의 표를 참조하자.

〔표〕 3주택 이상 보유자의 주택 중 중과 제외되는 주택

지방 기준시가 3억 원 이하 주택	수도권·광역시·세종시 외 지방 소재 주택으로 양도 당시 기준시가 3억 원 이하 주택(수도권·광역시·세종시 내 읍·면 지역 기준시가 3억 원 이하 주택 포함) ※다주택자 중과 규정 적용 시 보유 주택 수에서도 제외
장기임대주택	준공공임대주택 등으로 등록하여 8년 이상 임대한 주택(2018년 3월 31일까지 등록한 경우에는 5년 이상 임대한 주택) 단, 임대주택등록 후 임대 시점 6억 원 이하(비수도권 3억 원 이하) 주택
조세특례제한법상 감면주택	장기임대주택, 미분양 주택, 신규주택 등(조세특례제한법 제97조, 제97조의 2, 제98조, 제98조의 2, 제 98조의3, 제 98조의 5, 제98조의 6, 제98조의 7, 제98조의 8, 제99조, 제99조의 2, 제99조의 3에 따름)
상속받은 주택	상속받은 주택(5년 내 양도 시)
장기사원용 주택	종업원에게 10년 이상 무상으로 제공한 주택
가정어린이집	지방자치단체에서 인가받고 국세청에 사업자등록 후 5년 이상 가정어린이집으로 사용하는 주택
문화재주택	지정문화재 및 등록문화재로 지정·등록된 주택
저당권 실행 등 취득주택	저당권 실행·채권 변제를 위해 취득한 주택(3년 내 양도 시)
기타	위 주택 외 나머지 1주택을 소유하는 경우의 해당 주택

2주택자의 주택 중 중과에서 제외되는 주택

2주택자의 경우, 중과에서 제외되는 주택은 먼저 본 3주택자의 중과 제외되는 주택들이 포함된다. 그리고 양도 당시 기준시가 1억 원 이하 주택이 추가로 중과 대상에서 제외된다. 다만 재개발 지역의 주택은 기준시가 1억 원 이하라도 중과 대상 주택이다. 나머지 2주택자의 중과 제외 주택은 다음의 표를 참조하자.

〔표〕2주택자의 보유 주택 중 중과 제외되는 주택

3주택자 중과 제외 대상 주택	장기임대주택 등 3주택 이상 중과 제외 대상 주택은 2주택자 중과 대상 주택에서도 제외
지방 기준시가 3억 원 이하 주택	수도권·광역시·세종시 외 지방 소재 주택으로, 양도 당시 기준시가 3억 원 이하 주택(수도권·광역시·세종시 내 읍·면 지역 기준시가 3억 원 이하 주택 포함) ※다주택자 중과 규정 적용 시 보유 주택 수에서도 제외
근무 형편 등 이유로 양도하는 주택	근무 형편, 취학, 질병 요양 등 사유로 1년 이상 거주하고 근무, 학업, 치료 등이 끝난 후 3년 내에 양도하는 경우(단, 취득 당시 기준시가 3억 원 이하 주택)
혼인합가 주택	혼인합가일로부터 5년이 지나지 않은 주택
동거봉양 합가주택	60세 이상 부모 봉양합가일로부터 10년이 지나지 않은 주택
소송 진행 중인 주택	소송 진행 중이거나 소송 결과에 따라 취득한 주택(확정판결일로부터 3년 이내 양도)
일시적 2주택의 종전주택	일시적 1세대 2주택 중 거주 요건을 충족하지 못한 주택
저가주택	양도 당시 기준시가 1억 원 이하 주택(단, 도시 및 주거환경정비법상 정비구역 내 주택은 제외)
기타	위 주택 외 나머지 1주택을 소유하는 경우의 해당 주택

　　세법에서 주택 수를 헤아리는 방법에 대해 알아보았다. 그래도 실제 양도하거나 매입하는 등 의사를 결정하기 전에는 꼭 세무사나 회계사에게 자문받기를 권한다. 왜냐하면 부동산 관련 대책이 계속해서 나오기 때문에 그사이에 규정이 바뀔 수 있기 때문이다.

재건축·재개발 아파트의 양도소득세

재건축·재개발 아파트 관련 내용을 책에 넣어야 할지 고민이 많았다. 사실 재건축·재개발 아파트 관련 세금은 세무사나 회계사도 경험이 많지 않다면 어려워하는 부분이기 때문이다. 하지만 재건축·재개발 이슈가 있는 아파트의 가격이 더 많이 상승하고, 이에 투자하는 투자자들이 많다는 현실을 감안하여 다소 어렵게 느껴지더라도 소개하는 것이 좋겠다고 판단했다.

최대한 쉽게 설명하겠지만 어려워서 이해가 안 되더라도 자책하지 말자. 나 또한 처음 재건축·재개발과 관련한 세금을 접했을 때 무척 어려워했다. 일단 읽어보고 이해가 안 되면 나중에 관련 투자를 할 때 다시 읽어보자. 뭐든 직접 투자할 때 가장 빨리 이해되기 마련이다. 일단 최근 많은 이들이 관심을 가지고 있는 재건축의 절차부터 알아보자.

재건축의 절차

아파트를 기준으로 건축된 지 30년 이상 된 노후 아파트를 허물고 다시 짓는 것을 '재건축'이라고 하는데, 재건축을 하려면 9단계를 거쳐야 한다. 기본계획수립, 안전진단, 정비구역지정, 추진위원회 설립, 조합설립, 사업시행인가, 관리처분계획인가, 착공 및 분양, 입주 및 청산 단계가 그것이다.

1) 기본계획수립

서울특별시장 등은 10년 단위로 도시·주거환경정비기본계획을 수립한다. 이때 시장은 5년마다 타당성 여부를 검토하고 기본 계획에 반영해야 한다. 해당 내용을 주민에게 14일 이상 공람하고 주민 의견을 수렴한다. 지방의회의 의견도 수렴한 뒤 각 지방도시계획위원회 심의를 받는다. 이렇게 세워진 계획은 각 지역 시장이 지방자치단체를 통해 고시한다.

2) 안전진단

안전진단은 토지, 건물 등 소유자가 안전진단 신청서를 작성하고 관련 서류를 첨부해 시장·군수에게 제출하는 단계다. 필요한 서류는 사업 지역 및 주변 지역 여건을 살필 수 있는 현황도 및 건축물 결함 부위 사진 등이다.

구청에서 설계 기준 및 현재 상태, 구조 안정성, 건축 마감 및 설비 노후 상태, 주거 환경을 평가하여 이상이 있으면 한국건설기술연구원 등 안전진단 기관에 의뢰하여 정밀 진단을 실시한다. 이때 평가등급이 D 또는 E등급이 나오면 재건축 사업을 시행할 수 있다.

안전진단은 시간이 많이 소요되는 단계 중 하나다. 이 단계를 거쳤다면 나머지 단계 진행은 상대적으로 쉽다. 가끔 재건축 예정 아파트 단지에서 "경축 안전진단 D등급 획득"이라고 붙은 플래카드를 볼 수 있다. 자기가 사는 아파트에 안전 문제가 있다는 것을 축하하는 것이 아니라 재건축 단계 중에 어려운 단계를 통과했다는 것을 축하한다는 의미다.

3) 정비구역지정

안전진단을 받은 후에는 정비계획을 수립하고 정비구역으로 지정한다. 토지 이용 계획 및 정비기반시설 설치 현황 등을 조사하여 정비계획을 작성한다. 주민에게 14일 이상 공람하고 지방의회 의견도 수렴하여 지방도시계획위원회를 거쳐 정비계획을 완성한다. 이

계획을 시장에게 제출해 도시·건축 공동위원회 심의를 거치고 정비구역으로 지정되면 이를 고시한다.

4) 추진위원회 설립

분쟁이 많이 일어나는 단계가 추진위원회를 구성하는 시기다. 토지 소유자 명부 및 토지 소유자 과반 이상의 동의서를 마련해 5인 이상의 위원으로 추진위원회를 설립한다.

추진위원회는 정비사업자 선정, 조합정관 초안 작성 등을 담당한다. 조합정관은 조합을 운영하는 데 필요한 기본적인 규칙과 사업자 선정 기준 등이 담겨 있는 중요한 문서다. 정비사업자 선정 단계에서 위원회와 위원회 반대파가 부딪히는 경우가 빈번하다.

5) 조합설립

이후 추진위원회가 구청에 조합설립인가를 신청한다. 주택 단지 공동주택의 각 동별 구분소유자의 과반수 동의와 주택 단지의 전체 구분 소유자의 3/4 이상과 토지면적 3/4 이상의 토지 소유자 동의까지 얻은 후 인가신청을 할 수 있다. 구비 서류는 조합정관, 조합원 명부, 토지소유자 등의 설립 동의서 및 동의 사항 증명 서류 등이다.

6) 사업시행인가

조합이 설립되면 사업시행인가를 신청해야 한다. 계획서에는 토

지이용계획, 정비기반시설 및 공동이용시설, 임시수용시설을 포함
한 주민이주대책 등이 담겨 있어야 한다. 이후 교통영향평가, 환경
영향평가, 재해영향평가, 건축심의, 문화재심의, 미술장식품심의를
거쳐 인가가 내려진다.

7) 관리처분계획인가

사업시행인가 후에는 시공사를 선정하고 관리처분계획을 인가받
아야 한다. 조합정관에 따라 정해진 기준으로 각 건설사 등이 경쟁
입찰해 시공사를 선정한다.

관리처분계획이란 조합원이 출자한 재산권의 평가 방법이다. 새
로 건축된 건축물 및 대지지분을 어떻게 분배하고, 취득할 건축물
및 대지지분을 어떻게 나눌 것인지 등의 내용을 포함한다. 재건축
사업 완료 후 부담해야 할 분담금과 완료 후 정산받을 금액은 어떻
게 처분할지에 관한 내용도 들어 있다.

세법에서는 관리처분계획인가가 나면 더 이상 주택으로 보지 않
고 부동산에 관한 권리로 본다. 주택에서 조합원입주권으로 바뀌는
기준점이 바로 관리처분계획인가일이다.

8) 착공 및 분양

관리처분계획인가 후에는 착공 및 분양을 실시한다. 조합정관에 정
한대로 감리자를 선정하고 철거에 들어간다. 철거할 때는 각 지자

체장에게 신고해야 한다.

사업시행자는 착공신고서를 제출하고 시공보증서를 제출한다. 허가를 받으면 공사에 착수하고, 착수 뒤 입주자를 모집할 때는 공개 모집을 통해 조합원 할당 물량 이외의 물량은 일반분양한다.

9) 입주 및 청산

공사가 완료되면 사업시행자가 구청장에게 준공인가를 신청한다. 준공인가가 나면 사업시행자가 확정 측량 및 토지 분할을 실시한다.

사업시행자는 조합원과 일반분양 입주자에게 건축물 소유권을 이전해준다. 이후 조합을 해산하고 채무나 잔여 재산이 있다면 조합원에게 기존 구분소유권에 비례해 배분한다. 이렇게 복잡한 절차를 거쳐야 하는 재건축은 기본계획수립부터 입주까지 평균 10년 이상의 시간이 소요된다.

재건축과 재개발의 차이

채상욱 애널리스트의 《돈 되는 아파트 돈 안 되는 아파트》를 보면 재건축·재개발 투자에 대해 이렇게 정리하고 있다. "재건축은 아파트를 사서 아파트를 받는 반면 재개발은 빌라를 사서 아파트를 받는다."

재건축은 재건축 연한(30년)이 지난 오래된 아파트를 새롭게 짓는 과정이고, 재개발은 주변 환경이 열악한 단독주택 단지나 빌라 단지를 허물고 새로운 아파트를 짓는 과정이다. 투자할 때는 재건축과 재개발의 차이점에 대해 잘 이해해야 하지만, 세금에 있어서는 큰 차이가 없으므로 재건축을 기준으로 설명하려고 한다.

세금에 있어 가장 중요한 시기 '관리처분계획인가일'

위에서 살펴보았듯 재건축 사업 시행 단계는 9단계를 거쳐야 한다.

재건축 과정 중 세금에 있어서 가장 중요한 시기는 바로 '관리처분계획인가일'이다. 관리처분계획인가일을 기준으로 부동산(종전부동산)이 부동산을 취득할 수 있는 권리(입주권)로 바뀌었다가, 새로운 부동산이 준공되면 다시 부동산으로 바뀌기 때문이다.

또 관리처분계획인가일을 기준으로 원조합원과 승계조합원도 구분하게 된다. 관리처분계획인가일 전의 조합원 자격을 유지하면 원조합원, 이후에 조합원 자격을 취득하면 승계조합원이다.

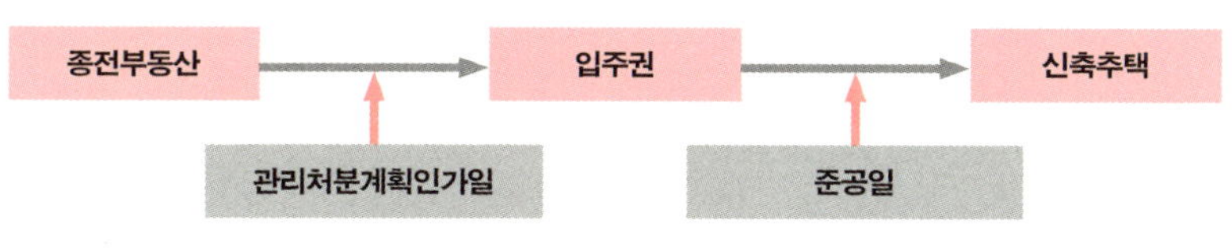

재건축 과정 중 부동산의 변환 시기

주택과 입주권의 차이

부동산이 입주권으로 바뀌면 세금 측면에서 여러 차이가 생긴다.

일단 입주권은 부동산에 관한 권리이므로 장기보유특별공제를 적용받을 수 없다. 그런데 주택 수를 계산하면서 살펴보았듯이 입주권은 주택 수에 포함된다. 다른 말로 하면 입주권은 주택으로 취급한다는 뜻이다.

예전에는 입주권도 아파트당첨권(분양권)처럼 단순한 권리로 보았다. 예를 들어 2개의 주택을 보유하다가 그중 1개의 주택이 재건축되면, 1개의 입주권과 1개의 주택을 보유한 것으로 바뀌어 1세대 1주택으로 비과세를 받을 수 있었고, 이후 재건축 아파트가 완공되어 다시 비과세 요건을 충족하면 그 주택에 대해서도 비과세를 받을 수 있었다.

하지만 2006년 1월 1일 이후 관리처분을 받거나 취득한 입주권은 주택으로 취급한다. 관리처분계획인가일을 기준으로 기존 건물 상태에서 이미 보유 및 거주 요건을 충족했다면 비과세 요건을 갖춘 것으로 보고, 입주권에 대해서도 비과세를 적용해준다.

고가주택에 해당하는 입주권은 기존 건물 취득일부터 관리처분계획인가일까지는 장기보유특별공제도 적용받을 수 있게 됐다.

1주택자가 조합원입주권을 취득했을 때

입주권은 주택으로 취급하기 때문에 기존주택을 보유한 상태에서 1년 이상 지난 후에 입주권을 취득하면 일시적 2주택 비과세 적용이 가능하다. 즉, 입주권을 취득한 날로부터 3년 안에 기존주택을 양도하면 일시적 2주택 비과세 특례를 적용받을 수 있다.

그런데 비과세 혜택을 받기 위해 보유한 기존주택을 팔면 당장 살 집이 없어지는 곤란한 상황이 생긴다. 왜냐하면 입주권은 주택으로 취급하지만 실제로 거주할 수는 없기 때문이다. 따라서 다음의 요건을 충족하면 비과세 특례를 계속해서 적용받을 수 있다.

재건축 주택 완공 전 또는 완성일로부터 2년 이내에 종전주택을 양도하고, 신규주택이 완성된 후 2년 이내에 그 주택으로 세대 전원이 이사하여 1년 이상 계속하여 거주하면 비과세 혜택을 받을 수 있다.

1주택자가 재건축 때문에 대체주택을 취득했을 때

기존주택이 재건축으로 인해 관리처분계획인가일 이후에 입주권으로 바뀌게 되어 거주하기 위한 대체주택을 취득할 때도, 다음의 요건을 갖추면 대체주택을 양도할 때 비과세를 받을 수 있다.

① 재건축 사업의 사업시행인가일 이후 대체주택을 취득하여 1년
   이상 거주할 것.

② 신규주택으로 완성된 후 2년 이내 세대 전원이 그 주택으로
   이사할 것.

③ 신규주택으로 이사하여 1년 이상 계속 거주할 것.

④ 재건축 주택 완공 전 또는 완성일로부터 2년 이내에 대체주택
   을 양도할 것.

청산금을 받아도 양도소득세를 낸다

재건축이나 재개발은 일단 자신이 보유한 부동산이 있을 때만 조합원이 될 수 있다. 그리고 보유한 부동산의 평가금액인 권리가액과 실제 새로 짓는 주택의 분양가액에는 일반적으로 차이가 있다.

종전부동산에 대한 권리가액이 신규주택의 분양가액보다 크면 차액을 돌려받고, 부족하면 추가로 납부한다. 이때 추가로 납부하거나 돌려받는 돈을 '청산금'이라고 한다. 실무적으로는 돌려받는 돈은 청산금이라고 하고, 추가로 납부하는 돈을 분담금이라고 따로 부르기도 한다.

청산금을 받으면 일단 양도소득세를 내야 한다. 물론 기존 부동산이 1세대 1주택 비과세에 해당하면 내지 않을 수도 있다.

상담을 하다 보면 청산금에 대한 세금을 왜 내야 하는지 의문을 갖는 분들이 많다. 그런데 이렇게 생각하면 간단하다. 청산금을 받는 경우는 대부분 종전주택의 대지지분이 큰 경우다. 그리고 새로 받는 신규주택의 대지지분은 종전보다 줄어들게 된다. 그러면 그 줄어든 대지지분은 어디로 간 걸까. 종전주택의 대지지분이 작았던 조합원이나 일반분양을 받은 사람들이 이 대지지분을 가져갔을 것이다. 쉽게 말해 청산금을 받고 자신의 대지지분을 다른 사람에게 판 것이다.

기존주택과 신규주택의 평가액 차이만큼 청산금을 납부했다면, 기존에 가지고 있던 부동산의 대지지분보다 늘어난 대지지분에 대해 분담금을 내고 취득한 것으로 보고 증가한 대지부분은 새로운 주택의 완공일부터 보유 기간을 계산한다.

재건축·재개발 아파트의 양도소득세 계산 방법

재건축으로 완공된 아파트가 1세대 1주택 비과세 요건에 해당하지 않으면 양도소득세를 부담해야 한다. 그런데 재건축 아파트는 일반주택과 양도소득세를 계산하는 법이 다르다. 왜냐하면 기존 건물에 해당하는 부분과 청산금에 해당하는 부분으로 나눠서 양도 차익을 계산하기 때문이다. 각 부분에 장기보유특별공제가 적용되는 방법이 다르다.

　기존 건물의 양도 차익은 기존 부동산의 취득일부터 양도일까지의 기간을 기준으로 장기보유특별공제를 적용하고, 청산금의 양도 차익은 관리처분계획인가일부터 양도일까지를 계산하여 장기보유특별공제를 적용한다. 장기보유특별공제의 적용 방법 이외에 일반적인 양도소득세의 계산과 다른 점은 없다.

Summary

❶ 세금 측면에서 재건축과 재개발의 차이는 없다.

❷ 재건축 과정 중 관리처분계획인가일을 기준으로 부동산(종전 부동산)이 부동산을 취득할 수 있는 권리(입주권)로 바뀌었다가, 새로운 부동산이 준공되면 다시 부동산으로 바뀐다.

❸ 기존 건물의 양도 차익은 기존 부동산 취득일부터 양도일까지의 기간을 기준으로 장기보유특별공제를 적용하고, 청산금의 양도 차익은 관리처분계획인가일부터 양도일까지를 계산하여 장기보유특별공제를 적용한다.

투자 수익률을 떨어뜨리는 재건축초과이익환수제

2017년까지 적용이 유예됐던 재건축초과이익환수제가 올해부터 다시 시행된다. 세금 못지않게 투자 수익률을 떨어뜨리는 재건축초과이익환수제에 대해서 알아 보자.

1. 재건축초과이익환수제란?

재건축초과이익환수제란, 재건축에서 얻은 이익이 조합원 평균 3,000만 원을 초 과할 경우 이를 제외한 초과 금액을 이익 규모에 따라 최대 50%까지 부담금의 형태로 환수하는 제도다.

재건축 진행 단계 중 2017년 12월 31일까지 관리처분계획인가 신청을 하지 못 한 재건축 단지들부터 적용된다. 다시 말하면 2017년도 12월 31일까지 관리처 분계획인가 신청서를 구청에 제출한 단지들은 적용 대상이 아니다.

2. 초과이익 산정 방법

이익의 산정 방법은 사업 종료 시점의 주택공시가격에서 추진위원회 설립승인일 의 주택공시가격과 재건축 기간 동안의 평균 주택 상승분을 차감하여 계산한다. 예를 들면 추진위 설립승인일의 주택공시가격이 6억 원, 사업 종료 시점의 주택 공시가격이 9억 원, 재건축 기간 동안 평균 주택 가격이 30% 상승했다면 이익은 1.2억 원(9억 원−6억 원−6억 원×30%)으로 계산된다. 그리고 이익 1.2억 원에 대한 분담금은 2,500만 원이다.

〔표〕 재건축초과이익부담금 부과율

조합원 1인당 평균 이익	부과율 및 부담금
3,000만 원~ 5,000만 원 이하	3,000만 원 초과 금액의 10%×조합원 수

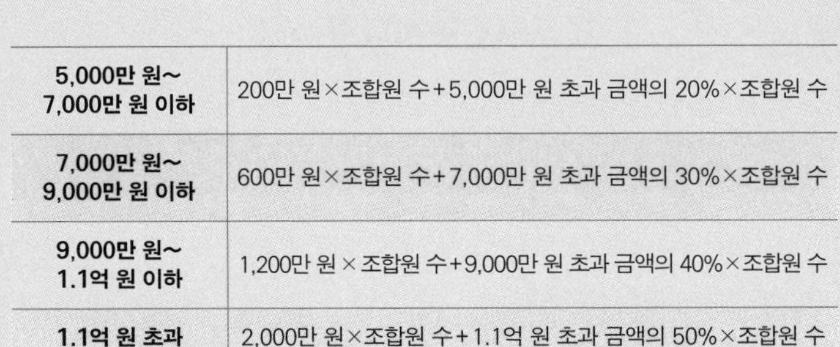

5,000만 원~ 7,000만 원 이하	200만 원×조합원 수+5,000만 원 초과 금액의 20%×조합원 수
7,000만 원~ 9,000만 원 이하	600만 원×조합원 수+7,000만 원 초과 금액의 30%×조합원 수
9,000만 원~ 1.1억 원 이하	1,200만 원×조합원 수+9,000만 원 초과 금액의 40%×조합원 수
1.1억 원 초과	2,000만 원×조합원 수+1.1억 원 초과 금액의 50%×조합원 수

양도소득세는 주택을 양도할 때 납부하지만, 초과이익환수제 부담금은 사업 종료 시점에서 4개월 이내에 납부해야 한다.

그리고 초과이익환수제 부담금은 양도소득세와 달리 재건축 조합이 납세의무자다. 재건축 조합이 납부하지 않으면 조합원이 제2차 납세의무자가 된다. 제2차 납세의무자가 된다는 것은 부담금에 대해 조합원이 조합의 연대 보증을 선 것을 의미한다. 즉, 조합이 납부하지 않으면 조합원이 납부해야 한다. 초과이익환수제에 따른 부담금도 세금과 마찬가지로 결국 재건축 아파트 투자 수익률을 떨어지게 할 것이다.

CHAPTER 5

주택임대사업자를 위한 절세 전략

주택임대사업자가 늘어나는 이유

상가를 임대할 때는 반드시 사업자등록을 해야 하지만, 주택을 임대할 때는 면세사업자가 되므로 반드시 사업자등록을 해야 하는 것은 아니다. 실제로 주택을 임대하는 이들의 대부분은 사업자등록을 하지 않는다.

그런데 최근 주택임대사업자 등록을 하는 이들이 늘고 있다. 굳이 하지 않아도 되는데 등록하는 데는 다 이유가 있다. 주택임대사업자 등록을 하면 쏠쏠한 혜택이 따라오기 때문이다.

주택임대사업자의 종류

혜택이 많은 주택임대사업자도 의무임대기간에 따라서 두 종류로 나뉜다. 의무임대기간이란 주택임대사업자에 대한 혜택을 주는 대신 의무적으로 임대를 줘야 하는 기간을 말하는데, 단기임대주택의 경우는 4년(거주주택 양도소득세 비과세 및 종합부동산세 합산배제를 위한 의무임대기간은 5년이다), 준공공임대주택*의 경우는 8년이다. 아무래도 단기임대주택보다는 준공공임대주택의 혜택이 더 많다.

취득할 때의 혜택

주택임대사업자로 등록하면 취득세를 감면받을 수 있다. 모든 주택이 해당되는 것은 아니고 전용면적 60m² 이하의 신규분양 공동주택(아파트, 연립주택, 다세대주택)일 때만 적용된다. 이 조건에 해당하면 한 채만 등록해도 취득세를 감면받을 수 있다. 취득세는 200만 원까지 전액 감면되고, 200만 원을 초과하면 85%까지 감면된다.

주거용 오피스텔도 취득세를 감면받을 수 있고, 감면 효과도 더 크다. 주택은 1.1~3.5%의 취득세율이 적용되지만 오피스텔은

4.6%의 취득세율이 적용되기 때문이다.

전용면적이 60m² 초과 85m² 이하의 신규분양 공동주택은 의무임대기간이 8년 이상인 준공공임대주택으로 20호 이상 등록할 때만 취득세를 50% 감면해주는데, 기업형 임대사업을 하는 게 아니라면 적용받기 어려운 조건이다.

보유할 때의 혜택

주택임대사업자로 등록하고 임대를 주면 먼저 재산세와 종합부동산세 혜택을 얻을 수 있다. 재산세 감면 혜택을 보려면 두 채 이상을 임대주택으로 등록해야 하고, 공동주택일 때만 가능하다. 임대사업자의 종류와 전용면적에 따라서 감면율의 차이가 있다.

다음의 표는 2018년도 현행 기준으로 작성한 것이다. 그런데 2019년도부터 전용면적 40m² 이하의 준공공임대주택은 한 채 이상이면 재산세 감면 혜택을 받을 수 있다.

〔표〕 임대사업자 재산세 감면율

전용면적	단기임대주택	준공공임대주택
40m² 이하	100%(재산세액 50만 원 초과 시 85% 감면)	
40m² 초과 60m² 이하	50%	75%
60m² 초과 85m² 이하	25%	50%

재산세는 감면을 받지만, 종합부동산세는 합산배제라는 혜택을 받는다. 임대주택으로 등록한 경우에 종합부동산세 과세 대상 주택에서 아예 빼주는 것이다.

종합부동산세 과세 대상에서 배제되는 혜택을 얻으려면 세무서와 시·군·구청 양쪽 모두에 임대주택으로 등록해야 한다. 보유한 주택의 공시가격이 6억 원을 초과하면 종합부동산세를 내야 하지만, 임대주택으로 등록된 주택은 합산에서 배제되므로 임대주택의 공시가격은 반영되지 않는다.

여기서 주의해야 할 점은 임대개시일 당시의 공시가격이 수도권은 6억 원, 수도권 밖 지역은 3억 원 이하여야 한다는 점이다. 재산세와 달리 면적 요건은 없다. 임대주택으로 등록한 후에 6억 원(수도권 밖 3억 원)을 초과하는 것도 상관없다.

서빙고동 신동아아파트를 보유한 고객이 있었다. 2013년 신동아아파트 공시가격은 6억1,100만 원이었는데 2014년도에 5억8,500만 원으로 하락한 적이 있다. 그때 그 고객은 신동아아파트를 임대주택으로 등록해서 합산배제 혜택을 받을 수 있었다. 그 이후 신동아아파트의 공시가격은 7억5,000만 원까지 올랐지만, 임대개시일 당시에는 6억 원이 안 됐기 때문에 계속 합산배제 혜택을 받을 수 있다.

올해 개정된 내용으로 2018년 4월 1일 이전에 주택임대사업자로 등록하면 4년 단기임대주택에도 종합부동산세 합산배제 혜택을 부여하지만, 4월 1일 이후에는 준공공임대인 8년 임대주택에만 합산배제 혜택을 부여한다. (4년 단기임대주택이라도 종합부동산세 합산배제 혜택을 얻으려면 5년 의무임대를 해야 한다.)

재산세와 종합부동산세 외에 임대소득에 대한 종합소득세도 감면받을 수 있다. 임대소득세에 대한 감면은 한 채 이상의 임대주택을 등록한 경우로, 등록 당시 공시가격 6억 원 이하이면서 전용면적이 85m² 이하면 혜택을 받을 수 있다. 임대소득세 감면율도 단기임대주택은 30%, 준공공임대주택은 75%로 준공공임대주택의 경우가 더 높다.

📑 Summary

❶ 주택임대사업자로 등록하면 의무임대기간, 임대주택의 전용면적과 공시가격, 임대주택 수 등에 따라 취득세와 재산세 감면, 종합부동산세 합산배제, 임대소득에 대한 종합소득세 감면 혜택을 얻을 수 있다.

❷ 종합부동산세 혜택을 얻으려면 세무서와 시·군 또는 구청 양쪽 모두에 임대주택등록을 해야 한다.

알짜 혜택은
양도 단계에 있다

서울시 구로구 신도림동 도림천변에 있는 신도림아이파크는 3개 동으로 이루어진 단지로, 총 188세대로 구성됐다. 그리고 놀랍게도 소유자는 한 사람이다. 이 아파트는 한 채도 분양되지 않은 준공공 임대주택이다. 얼마나 대단한 혜택이 있어서 188세대의 아파트 한 단지가 통째로 임대주택이 된 걸까.

사실 주택임대사업자의 알짜 혜택은 양도 단계에 있다. 실제 상담을 하다 보면 주택임대사업자로 등록하는 대다수는 양도 단계에서의 혜택을 노린다. 어떤 혜택이 있는지 자세히 살펴보자.

거주주택에 대한 양도소득세 비과세 혜택

사실 임대주택은 한 채를 보유한 이들이 가장 많다. 임대주택을 한 채 가지고 있으면서 왜 굳이 주택임대사업자 등록을 하는 걸까. 2,000만 원 이하의 주택임대소득은 2018년도까지는 비과세이고, 주택 한 채에서 나오는 재산세와 종합부동산세도 아주 부담되는 수준은 아닐 텐데 말이다.

그 이유는 거주주택 양도소득세 비과세에 있다. 앞에서 보았듯이, 2주택인 경우에도 일시적 2주택 비과세를 활용하면 양도소득세를 비과세 받을 수 있다. 그런데 기존주택을 가진 채 신규주택을 구입한 후 3년 이내에 양도하지 못하면 어떻게 될까. 보유한 두 채 중 한 채는 양도소득세를 낼 수밖에 없다. 특히 주택을 구입해서 보유한 지 오래됐고, 양도 차익이 크다면 꽤 많은 양도소득세를 부담해야 할 것이다. 이럴 때 활용할 수 있는 것이 주택임대사업자의 거주주택 양도소득세 비과세 특례다.

거주주택 양도소득세 비과세 특례란, 여러 채의 주택을 가지고 있을 때 본인이 살고 있는 주택 한 채를 제외한 나머지 주택을 임대주택으로 등록하면 본인이 거주한 주택을 팔 때 양도소득세를 비과세해주는 것이다.

수도권 공시가격 6억 원, 수도권 밖 공시가격 3억 원 이하의 주택을 임대주택으로 등록하면, 임대주택은 거주주택을 양도할 때 주

택 수에서 제외시켜주기 때문에 비과세가 가능하다. 비과세 요건은
다음과 같다.

① 거주주택에서 보유 기간과 거주 기간이 모두 2년 이상이어야
한다.

② 임대개시일 당시 임대주택의 공시가격이 6억 원(수도권 밖 3억
원) 이하여야 한다.

③ 임대주택은 5년 이상 임대해야 한다.

거주주택 양도소득세 비과세에 대한 오해

다주택자들이 거주주택 양도소득세 비과세에 대해서 오해하는 부분이 있다. 예를 들어 3주택자인 경우, 먼저 본인이 살고 있는 거주주택을 양도하면서 비과세 받는다. 그리고 첫 번째 임대주택의 의무임대기간을 채운 뒤에 그 임대주택에서 2년간 거주한 후에 다시 거주주택 비과세를 받는다. 그런 후에 마지막으로 남은 한 채도 1세대 1주택으로 비과세를 받는다. 이게 가능한 것일까? 반은 맞고 반은 틀리다. 3주택 모두 비과세를 받을 수는 있지만 겹치는 기간에 대해서는 비과세를 받지 못한다. 그림으로 표현하면 다음과 같다.

양도 차익을 구분할 때는 기준시가를 사용한다.

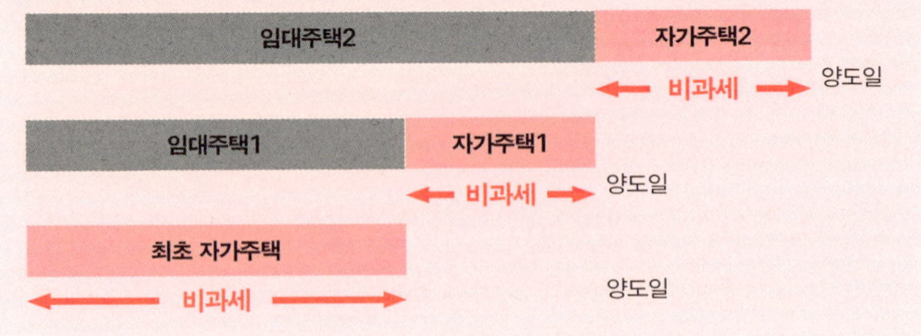

1) 혜택을 받기 위한 필수 조건: 세무서와 지자체에 모두 등록

보통 사업자등록은 세무서에서만 하는 것으로 생각하기가 쉽다. 그런데 거주주택 비과세 혜택을 받으려면 반드시 세무서와 시·군 또는 구청 양쪽 모두에 등록해야 한다.

실제로 20년 이상 세무서에 사업자등록을 한 후 주택을 임대했지만, 관할구청에 사업자등록을 하지 않아서 비과세를 받지 못하고 2억 원 이상의 세금을 낸 고객을 본 적도 있다.

2017년 12월 13일에 정부에서 발표한 '임대주택활성화 방안'에서는 2018년 4월 이후에는 지자체에 임대주택등록을 하면 세무서에도 자동으로 등록되도록 시스템을 개선하겠다고 발표했지만, 법 개정이 늦어질 수도 있으니 안전하게 양쪽 모두에 등록하는 것이 좋다.

임대주택등록은 거주주택을 양도하기 전이면 언제든 할 수 있고, 의무임대기간 5년을 채우기 전에 거주주택을 양도하더라도 비과세를 받을 수 있다. 다만 양도소득세 비과세를 받은 후에 의무임대기간을 채우지 못하면 비과세 받았던 금액을 다시 납부해야 한다.

의무임대기간은 임대주택을 등록하고 난 후의 기간으로만 판단해야 한다. 임대주택을 등록하기 전에 임대를 주고 있더라도 그 기간은 5년에 포함되지 않는다.

2) 혜택을 받기 위한 필수 조건: 세법상 의무임대기간 5년

앞에서 의무임대기간을 4년과 8년으로 구분했는데 갑자기 의무임대기간 5년이라니, 5년짜리 임대사업자가 따로 있는 것이 아닌가 하고 궁금해하는 분들도 있을 것이다.

'민간임대주택에 관한 특별법'에서는 단기임대주택과 준공공임대주택의 의무임대기간을 정하고 있다. 그런데 2015년 12월 29월 이전에는 '민간임대주택에 관한 특별법'이 아닌 '임대주택법'에서 의무임대기간을 정하고 있었다. 그때는 단기임대주택의 의무임대기간이 5년이었다. 세법에서는 그 당시 의무임대기간을 반영해서 법조문을 만들었는데, 그 이후에 '임대주택법'이 폐지되고 '민간임대주택에 관한 특별법'으로 대체되면서 세법상의 의무임대기간에 있어 차이가 생기게 됐다. 향후 보완이 필요한 부분이지만 현재의 거주주택 비과세 요건은 5년이므로 착각하지 않도록 주의해야 한다.

세법이 어려운 이유 중 하나가 다양한 개념을 다른 법에서 차용해서 쓰고 있어 다른 법이 바뀐 경우에도 세법은 바뀌지 않은 경우가 종종 있기 때문인데, 의무임대기간 5년과 4년의 차이도 그런 경우다. 종합부동산세 합산배제를 위한 의무임대기간이 5년인 것 또한 마찬가지다.

임대주택에 대한 장기보유특별공제 추가 적용

거주주택에 대한 양도소득세를 비과세해주는 것 외에 임대주택을 나중에 양도할 때도 혜택을 준다.

장기보유특별공제는 2018년도까지 최고 10년 보유, 30%를 적용하고 2019년도부터는 최고 15년 보유, 30%를 적용한다. (1세대 1주택인 경우에는 최고 10년 보유, 80%를 적용받는 것에 변함이 없다.)

그런데 임대사업자로 등록했을 때 단기임대의 경우에는, 장기보유특별공제를 최고 10% 추가하여 총 40%까지, 준공공임대의 경우에는 최고 40% 추가하여 총 70%까지 적용해준다. 준공공임대의 추가 장기보유특별공제를 받기 위해서는 연간 임대료 증가율이 5% 이내라는 조건을 충족해야 하고, 단기임대의 경우는 임대료 요건은 충족하지 않아도 된다. 장기보유특별공제는 양도 차익을 줄여주는 효과가 있기 때문에 결국 내야 할 세금 부담이 줄어든다.

2017년 12월 13일 정부에서 발표한 '임대주택활성화방안'에서

〔표〕 일반주택 및 임대주택의 장기보유특별공제율

구분	일반주택	1세대 1주택	단기임대주택	준공공임대주택
3년 이상	10%	24%	10%	10%
4년 이상	12%	32%	12%	12%
5년 이상	15%	40%	15%	15%
6년 이상	18%	48%	20%	18%
7년 이상	21%	56%	25%	21%
8년 이상	24%	64%	30%	50%
9년 이상	27%	72%	35%	50%
10년 이상	30%	80%	40%	70%

는 준공공임대의 경우 현행은 최대 10년을 보유해야 70%의 공제율을 적용받을 수 있지만, 2019년 이후에는 8년 이상만 보유하면 70% 공제율을 적용받을 수 있다는 내용이 포함돼 있다(2018년도 하반기 개정세법에 반영될 예정이다). 단기임대주택보다 준공공임대주택등록을 활성화하기 위해서 준공공임대주택에 더 많은 혜택을 주겠다는 취지다.

준공공임대주택의 양도소득세 100% 감면

처음에 이야기했던 신도림아이파크를 10년 이상 임대한 후에 양도하면 준공공임대주택 양도소득세 100% 감면을 적용받을 수 있다(물론 국내 거주자여야 한다). 188세대나 되는 세대를 한꺼번에 양도해도 양도소득세를 한 푼도 안 내는 것이다. 물론 앞에서 비과세와 감면의 차이에서 보았듯이 감면받은 세액의 20%는 농어촌특별세로 내야 하지만, 그래도 어마어마한 혜택이 아닐 수 없다. 감면 요건은 다음과 같다.

① 2015년 1월 1일부터 2018년 12월 31일까지 취득한 전용면적 85m² 이내 주택일 것.
② 취득일로부터 3개월 이내에 준공공임대주택으로 등록할 것.

③ 준공공임대주택으로 등록 후 10년 이상 계속하여 임대한 후
　 양도할 것.

④ 임대보증금 또는 임대료의 연 증가율이 5%를 초과하지 아니
　 할 것.

⑤ 임대차계약서를 첨부하여 세액감면 신청을 할 것.

장기보유특별공제 추가 적용과 양도소득세 감면의 중복 적용 배제

준공공임대주택은 장기보유특별공제를 추가로 적용받는 혜택과 10년 이상 계속 임대해서 양도소득세를 100% 감면받는 특례를 적용받을 수 있는데 두 가지를 중복으로 받을 수는 없다.

양도소득세 100% 감면을 받으려면 취득일로부터 3개월 이내에 등록해야 하는 등 요건이 더 까다롭다. 충족하지 못하는 요건이 있으면 감면받을 수 없다.

하지만 양도소득세 100% 감면을 적용받지 못해도 임대료 제한 요건만 충족하면 장기보유특별공제를 70%(8년 이상 임대 시 50%) 적용받을 수 있다. 또 양도소득세 100% 감면을 받으면 장기보유특별공제를 추가로 적용받을 수 없지만, 일반주택의 장기보유특별공제(최대 30%)는 받을 수 있다.

〔표〕 주택임대사업자의 세제 혜택 요약

세금	단기임대	준공공임대	비고
취득세	60m² 이하 면제(200만 원) 200만 원 초과 시 85% 감면	60m² 이하 면제 60m² 초과 85m² 이하 50% 감면 (20호 이상 임대)	신규분양 공동주택 (오피스텔 포함) 취득세 면제액 200만 원 초과 시 85% 감면
재산세	40m² 이하 100% 감면 60m² 이하 50% 감면 85m² 이하 25% 감면	40m² 이하 100% 감면 60m² 이하 75% 감면 85m² 이하 50% 감면	2호 이상(40m² 이하 재산세액 50만 원 초과 시 85% 감면, 2019년부터 40m² 이하 8년 이상 임대 시 1호 이상일 때도 감면 예정)
종합 부동산세	합산배제	합산배제	기준시가 6억 원 이하 (수도권 밖은 3억 원) 의무임대 5년 (2018년 4월 1일 이후 등록한 경우 8년)
소득세	30% 감면	75% 감면	85m² 이하 3호 이상 (2018년부터 1호 이상) 기준시가 6억 원 이하
양도소득세	85m² 이하+6(3)억 원 이하의 경우, 6년차부터 장기보유특별공제 2% 추가(최대 추가 10%)	85m² 이하 장기보유특별공제(8년, 50%/10년, 70%) 10년 이상 임대할 경우, 양도소득세 100% 감면	준공공임대 장기보유특별공제 2019년 이후 8년/70% 개정 예정

Summary

❶ 주택임대사업자는 양도할 때 가장 큰 혜택을 받을 수 있다.

❷ 주택임대사업자에게는 거주주택에 대한 양도소득세 비과세 혜택과 임대주택 양도 시 장기보유특별공제 추가 적용 혜택을 준다.

❸ 그러나 의무임대기간을 채우지 못하면 그동안 받았던 세제 혜택을 전부 반납해야 하고, 의무임대기간 동안 임대료 인상은 연간 5% 이내로 제한된다.

주택임대사업자의 단점

주택임대사업자 등록 혜택이 이렇게 많은데, 왜 생각보다 임대사업자등록을 하는 이들이 많지 않은 걸까. 어떤 제도든 장점만 있는 제도는 없다. 장점이 있으면 단점도 있기 마련이다. 임대사업자등록을 꺼리게 하는 단점에 대해 알아보자.

주택임대사업자로 등록하면 세제 혜택을 받는 만큼 의무임대기간을 지켜야 한다. 의무임대기간을 채우지 못하면 그동안 받았던 세제 혜택을 전부 반납해야 하고, 과태료도 부과받는다(민간임대주택에 관한 특별법에 따름).

그리고 의무임대기간 동안에는 임대료 인상이 연간 5% 이내로 제한된다. 단기임대의 경우, 임대료 인상이 제한되지 않는 것으로 아는 경우가 많은데 단기임대나 준공공임대 모두 동일하게 임대료 인상이 제한된다(민간임대주택에 관한 특별법 제44조 제2항에 따름).

그리고 임대차 계약 시 국토교통부에서 정하는 표준임대차계약서를 사용해야 하고, 임대차계약에 변동사항이 있으면 3개월 내에 시·군 또는 구청에 신고해야 하는 등 크고 작은 준수사항이 많다.

그러나 이러한 단점들보다 등록을 꺼리게 하는 요인은 바로 건강보험료다. 주택임대사업자로 등록하면 건강보험 지역가입자로 전환되기 때문에, 건강보험료가 추가로 발생한다.

은행에서 많은 고객과 상담하면서 느끼는 것인데, 세금보다 더 꺼리는 것이 있다면 바로 건강보험료가 아닌가 싶다. 세금과 달리 건강보험료는 매달 부과되기 때문에 심리적인 부담이 더 크고, 특히 직장가입자의 피부양자로 등록돼 있어서 직접 부담하지 않았던 경우라면 더 그렇다.

많은 분들이 문의하는 주택임대사업자의 건강보험료에 대해서 자세히 살펴보자.

주택임대사업자와 건강보험료

주택임대사업자와 건강보험료에는 어떤 관계가 있을까. 주택임대사업자의 혜택을 포기할 만큼 건강보험료 부담이 큰 걸까. 여기서는 직장가입자와 지역가입자, 피부양자 이렇게 대상을 셋으로 나눠 주택임대사업자 등록을 하면 건강보험료가 얼마나 변동되는지 살펴보기로 하자.

직장가입자인 경우

건강보험료는 크게 직장가입자와 지역가입자로 나뉜다.

직장가입자는 월 급여의 6.12%를 건강보험료로 내는데, 절반은 회사에서 부담하기 때문에 실제 부담액은 그 절반이다. 직장가입자는 현행 체제에서 근로소득 이외에 다른 소득, 예를 들어 임대소득이 있어도 7,200만 원을 넘지 않으면 건강보험료를 추가로 납부하지 않아도 된다.

하지만 2018년 7월부터 2022년 6월까지는 3,400만 원을 넘지 않아야 추가로 건강보험료가 부과되지 않고, 2022년 7월부터는 2,000만 원을 넘지 않아야 추가로 건강보험료가 부과되지 않는다. 정리하면 다음과 같다.

[표] 직장가입자의 근로 외 소득 건강보험료 부과 기준(건강보험 개편안 반영)

	~2018년 6월	2018년 7월~ 2022년 6월	2022년 7월 이후
근로소득 이외 소득이 있을 때 건강보험료가 추가 부과되는 금액	7,200만 원 초과	3,400만 원 초과	2,000만 원 초과

2018년 6월까지는 기타소득이 7,200만 원을 넘으면 전체소득의 3.06%를 건강보험료로 추가 납부해야 하지만, 2018년도 7월 이후부터는 3,400만 원을 넘어가는 금액에 대해서만 6.12%를 건강보험료로 추가 납부해야 한다.

이미 직장가입자라면 주택임대사업자 등록을 해도 임대소득이 3,400만 원을 넘지 않으면 2022년까지는 건강보험료를 추가로 부담하지 않아도 된다. 물론 주택임대소득 외의 다른 소득은 없다는 전제다.

지역가입자인 경우

주택임대사업자로 등록하기 전에 이미 상가 등에 대한 사업자등록을 한 기존 지역가입자라면 주택임대사업자 등록을 추가해도 건강보험료가 크게 오르지 않는다. 왜냐하면 지역가입자는 성별, 나이, 자동차 보유 현황, 재산, 소득 등을 소득점수로 환산하여 건강보험료를 부과하는데, 주택임대사업자 등록을 하면 주택임대소득에 대

지역가입자 건강보험료 부과 체계

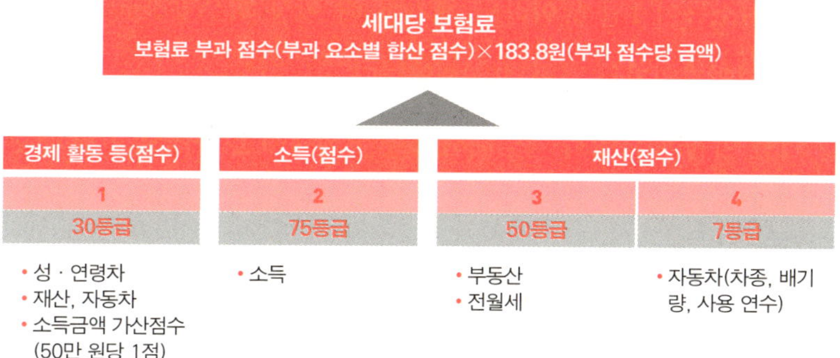

한 소득점수만 추가로 반영되기 때문에 소득점수가 상승하는 것에 대한 건강보험료만 추가 부담하면 되기 때문이다.

피부양자인 경우

직장가입자에게 피부양자로 등록되어 있다면 건강보험료에 대한 직접적인 부담은 없다. 다만 소득 요건과 재산 요건 두 가지를 동시에 충족해야만 피부양자가 될 수 있다.

소득 요건은 사업자등록을 할 때와 하지 않은 때의 요건이 다르다. 3.3% 원천징수를 적용받는 프리랜서 등의 사업자는 사업자등록이 의무사항은 아니다. 사업자등록이 없는 사업자는 사업소득(매출에서 필요경비를 뺀 소득)이 500만 원 이하면 사업소득이 없는 것으로 본다. 하지만 사업자등록을 한 사업자는 사업소득이 1만 원이라도 있으면 사업소득이 있다고 본다. 즉, 주택임대사업자 등록을 한 후 사업소득이 1만 원이라도 생기면 더 이상 피부양자로 남을 수 없고, 지역가입자로 전환된다는 의미다.

이런 이유 때문에 주택임대사업자의 혜택이 많음에도 현재 건강보험료 피부양자인 경우에는 등록하기 꺼려지는 것이다.

〔표〕 피부양자 요건(건강보험개편안 반영)

	~2018년 6월	2018년 7월~2022년 6월	2022년 7월 이후
소득 요건	금융소득, 연금소득, 근로소득+기타소득 각 4,000만 원 미만	소득 구분 없이 연소득 3,400만 원 이하	소득 구분 없이 연소득 2,000만 원 이하
재산 요건	재산세 과세표준 합계액이 9억 원 이하	재산세 과세표준 합계액 5.4억 원 이하	재산세 과세표준 합계액 3.6억 원 이하

언제 건강보험료를 부과받나?

연간 2,000만 원 초과의 주택임대소득이 있는 경우에는 지금도 종합소득세 신고 대상이기 때문에 이미 건강보험료를 부과받고 있을 것이다. 신고를 안 했다면 예외이지만 국세청에서 손 놓고 있지 않을 것이기 때문에 소득 누락분을 건강보험공단으로 통보하여 나중에 건강보험료가 한꺼번에 부과될 가능성이 높다.

그런데 연간 주택임대소득이 2,000만 원 이하일 때는 2018년도까지 비과세, 2019년도 이후에는 분리과세가 된다는 사실을 알아야 한다. 따라서 연간 주택임대소득이 2,000만 원 이하라면 2018년도 소득까지는 건강보험료 대상이 되지 않고, 2019년도 소득부터 건강보험료 대상이 된다.

주택임대사업자가 5월 달에 전년도 소득을 신고하면, 국세청은 그 소득에 대해 내부적으로 자료 처리를 거친 후 건강보험공단으로 8월에 통보한다. 그리고 건강보험공단에서는 11월에 전년도 소득 자료를 반영해서 건강보험료를 부과한다. 따라서 2019년도에 2,000만 원 이하의 임대소득이 있어도 건강보험료를 부과받게 되는 시점은 2020년도 11월이 되는 셈이다.

2017년 12월 13일 정부가 발표한 '임대주택활성화방안'에는 2019년도부터 사업자등록을 하여 임대소득세가 부과되는 경우라도 연간 1,333만 원 이하의 임대소득에 대해서는 피부양자를 유지할 수 있게 하겠다는 내용이 담겼다. 그리고 2,000만 원 이하의 임대소득자가 주택임대사업자 등록을 하면 4년 단기임대는 40% 건강보험료 감면, 8년 준공공임대는 80%를 감면해주는 내용도 발표했다. 그런데 아쉽게도 2,000만 원을 초과하는 임대소득에 대해서는 건강보험료 감면에 대한 내용이 없다.

정부는 2020년 이후에는 임대주택등록을 단계적으로 의무화하겠다고 발표했다. 어차피 해야 하는 주택임대사업자 등록이라면 미리해서 혜택을 챙기는 것도 나쁘지 않은 선택인 듯하다.

Summary

❶ 주택임대사업자 등록을 할 때, 기존 지역가입자라면 주택임대사업자 등록을 해도 건강보험료가 크게 오르지 않는다.

❷ 주택임대사업자 등록 후 사업소득이 1만 원이라도 생기면 더 이상 피부양자로 남을 수 없고, 지역가입자로 전환된다.

❸ 연간 주택임대소득이 2,000만 원 이하면 2018년도 소득까지는 건강보험료 대상이 되지 않고, 2019년도 소득부터 건강보험료 대상이 된다.

CHAPTER 6

주택임대사업자라면 꼭 알아야 할 오해와 진실

주택임대사업자로 등록하지 않아도 임대소득은 노출된다

아직까지 주택임대사업자라는 제도가 생소한 제도이다 보니 오해하고 있는 내용이 많은 것 같다. 대표적인 오해 중 하나가 주택임대사업자 등록을 하면 괜히 임대소득만 노출이 된다는 것이다. 상담을 하다 보면 주택임대사업자 등록을 하지 않으면 임대소득 노출을 피할 수 있다고 생각하는 분들이 많은데 결론부터 말하자면 임대사업자등록을 하든 안 하든 임대소득은 노출될 수밖에 없다. 국세청이 이미 자료를 상당 부분 가지고 있기 때문이다.

국세청은 행정안전부에서 제공하는 확정일자 자료를 확보하고 있다. 먼저 전월세 세입자들이 자신들의 보증금을 보호받기 위해

주택임대사업자라면 꼭 알아야 할 오해와 진실

받는 확정일자 자료를 가져간다. 또 타 행정기관이 가진 자료 외에도 임대소득에 대한 정보를 추가로 수집한다. 연봉 7,000만 원 이하의 무주택 근로자가 전용면적 85m² 이하의 주택에서 월세를 살 때, 월세의 10%(연봉 5,500만 원 이하 12%)를 연말정산 시 세액 공제해준다. 물론 유리 지갑인 근로자들의 세금을 감면해주려는 측면도 있지만, 주택임대소득을 노출시키기 위한 목적도 있다. 신용카드 사용액에 따른 소득공제를 통해 많은 자영업자의 소득을 노출시킨 전례를 보면, 월세세액 공제도 주택임대소득을 노출시킬 것이다. 월세공제는 2014년에 도입된 이후 매년 그 자료가 쌓여가고 있다.

그렇다면 국세청은 어떻게 그 많은 자료를 관리할까. 정부가 가지고 있는 무형자산(소프트웨어 등) 중에서 가장 비싼 것이 관세청의 4세대 국가종합정보망이고, 그다음이 국세청의 차세대국세행정시스템(NTIS)이다(2017년 기준). 둘 다 세금을 잘 걷기 위한 무형자산이다.

대한민국 정부에서 세금을 잘 걷기 위한 시스템 투자에 돈을 아끼지 않는다는 사실을 생각하면, 주택임대사업자 등록을 하지 않아도 내 임대소득 정보는 국세청 손바닥 위에 있다는 점을 빨리 깨달아야 한다.

임대주택 종류는
몇 개일까?

주택임대사업자에 대한 내용이 복잡하고 어렵게 느껴지는 가장 큰 이유는 임대주택에 대한 요건과 명칭을 정하고 있는 법이 '민간임대주택에 관한 특별법'과 '세법(소득세법 시행령, 조세특례제한법)' 두 종류이기 때문이다. 쉽게 말하면 시어머니가 둘인 셈이다.

취득세와 같은 지방세 규정과 등록 절차 및 과태료 규정은 '민간임대주택에 관한 특별법'에 따르고, 양도소득세, 종합소득세, 종합부동산세 등의 감면 규정은 세법을 적용한다.

그런데 취득세를 제외한 세제 혜택은 세법상의 구분을 따라야 하므로 세법 요건에 맞는 임대주택인지의 여부가 더 중요하다. 다

주택임대사업자라면 꼭 알아야 할 오해와 진실

음은 그 내용을 잘 정리한 것이다.

〔표〕임대주택의 구분

관계법령	민간임대주택에 관한 특별법		세법(소득령, 조특법)	
임대주택 구분	단기임대	준공공임대	장기임대	준공공임대
등록 요건 가액	제한 없음		등록당시 기준시가 6억 원(지방 3억 원) 이하	제한 없음
등록 요건 면적	제한 없음		제한 없음	85m² 이하
의무임대기간	4년	8년	5년(2018년 4월 1일 이후 8년)	8년(10년)
임대료 상한	연간 5%		제한 없음	연간 5%
요건 미이행 시	과태료 부과(임대료 상한의 경우 500만 원, 의무임대기간의 경우 1,000만 원)		세법상 혜택 적용 불가	

▶ (출처: '미네르바올빼미의 세금이야기' 블로그)

즉, 세법상 장기임대주택이란 '민간임대주택에 관한 특별법'에 따른 임대주택(단기임대, 준공공임대) 중 등록 당시 기준시가 6억 원 이하(지방 3억 원)이면서, 5년 이상 임대한 주택을 의미한다.

그리고 세법상의 준공공임대주택이란 '민간임대주택에 관한 특별법'에 따른 준공공임대주택 중 전용면적 85m² 이하 주택을 의미한다.

임대주택은
주택 수에 포함될까?

양도소득세가 중과되는 다주택자 여부를 판단할 때 임대주택이 주택 수에서 제외된다고 알고 있는 경우가 많다. 이렇게 오해하는 이유는 주택임대사업자의 거주주택 비과세 특례와 헷갈리기 때문이다. 주택임대사업자가 2년 이상 보유·거주한 주택을 양도하면서 비과세 여부를 판단할 때, 보유하고 있는 임대주택의 공시가격이 임대 개시 당시 6억 원(지방 3억 원) 이하일 때 주택 수에서 제외된다는 내용과 헷갈리는 것이다.

다시 한 번 정리하면 요건을 충족한 거주주택의 비과세 여부를 판정할 때는 임대주택을 주택 수에서 제외시켜주지만, 그 외에는

주택임대사업자라면 꼭 알아야 할 오해와 진실

임대주택이 주택 수에서 제외되지 않는다. 이 내용을 오해하면 뜻하지 않게 세금을 많이 부담할 수 있다.

서울에 아파트 두 채를 가지고 있는 2주택자가 있다고 가정해보자. 한 채는 6억 원 이하의 아파트로 임대주택으로 등록했고, 한 채는 실제 거주하고 있다. 이때 거주주택이 거주 요건 2년을 충족한 경우와 충족하지 못한 경우로 나누어서 살펴보자.

만약 거주 요건 2년을 충족하고 거주 아파트를 양도하면, 임대주택으로 등록한 주택을 주택 수에서 제외하기 때문에 비과세 혜택을 받을 수 있다. 하지만 거주 요건 2년을 채우지 못했다면 거주주택을 양도할 때 2주택자가 되어 장기보유특별공제도 적용받지 못하고, 양도소득세는 기본세율+10%를 적용받는다.

한번은 이 내용을 오해하고 보유 기간을 채우지 못한 상태에서 비과세는 적용받지 못해도 양도세 중과 적용은 받지 않을 것으로 판단한 고객을 만난 적이 있다. 만약 고객이 최종 의사 결정을 하기 전에 상담하지 않고 거주주택을 양도했다면, 장기보유특별공제 적용 배제와 양도소득세 중과 적용으로 예상보다 훨씬 더 많은 세금을 냈을 것이다.

임대료를 올릴 때
상한선이 있다

주택임대사업자로 등록하면 의무임대기간 동안에는 임대료 상승을 연간 5% 이내로 제한받는다. 이 임대료 인상 제한 요건을 지키지 않으면 과태료를 처분받기 때문에 임대소득 수익률에 나쁜 영향을 미치게 되고, 경우에 따라서는 세제 혜택을 못 받을 수도 있다. 따라서 내용도 잘 이해해야 한다.

주택임대사업자라면 꼭 알아야 할 오해와 진실

최초임대료는 어떻게 정할까?

최초임대료는 임대주택을 등록한 후에 최초로 체결된 임대차 계약을 의미하는 것으로, 최초임대료는 임대사업자가 정할 수 있다(민간임대주택에 관한 특별법 제44조에 따름). 임대주택을 등록하기 전에 이미 임대하고 있었다면 갱신할 때의 임대료나 새로 체결하는 임대료는 임대사업자가 마음대로 정할 수 있고, 그 최초임대료를 기준으로 연간 임대료 상한(5%)을 계산해야 한다.

임대료 인상 제한은 임차인이 바뀌어도 계속 적용된다. 결국 임대 물건별로 인상이 제한된다는 의미다. 또 연간 임대료는 5%씩 계속 올릴 수 있는 것이 아니라, 계약을 갱신할 때나 신규 계약을 할 때 종전보다 5%까지 올릴 수 있다.

그리고 5%도 월세와 보증금을 합쳐서 판단해야 한다. 전세와 월세는 서로 전환해서 비교할 수 있는데, 현재 월세를 전세금으로 전환할 때는 5%의 전환율을 사용한다. 5%의 전환율이란 월세 1백만 원을 전세보증금 2억 4,000만 원과 같게 본다는 의미다.

예를 들어 보증금 1억 원에 월세 100만 원을 임대료로 받았다가 다음 계약 갱신 때 전세로 전환할 예정일 때, 현재 받고 있는 임대료를 전세보증금으로 전환하면 다음과 같다.

1억 원 + 2.4억 원(연간 월세액 1,200만 원 / 5%) = 3억 4,000만 원

즉, 3억4,000만 원의 5%를 초과하여 임대료를 올릴 수 없으므로 최대한 받을 수 있는 전세금은 3억5,700만 원(3억4,000만 원×105%) 이다.

임대료 인상 제한을 지키지 못한다면?

임대료를 5% 이상 인상하면 과태료를 부과받고, 1차 위반 시에 500만 원, 2차 위반 시에는 700만 원, 3차 위반 이상인 경우에는 1,000만 원 이하의 과태료를 부과받는다.

또 세법상의 준공공임대주택을 8년(10년) 이상 임대할 때 주어지는 장기보유특별공제와 준공공임대주택을 양도할 때 주어지는 100% 양도소득세 감면 혜택도 적용받지 못한다.

세제 혜택을 누리려면 꼭 주어진 의무도 지켜야 한다는 것을 잊지 말자.

Summary

❶ 주택임대사업자로 등록하면 의무임대기간 동안 임대료 상승을 연간 5% 이내로 제한받는데, 최초임대료는 임대주택 등록 후 최초로 체결된 임대차 계약을 의미하는 것으로 임대사업자가 정할 수 있다.

❷ 임대료 인상 제한을 지키지 않으면 과태료를 부과받고, 준공공임대주택을 임대할 때 주어지는 장기보유특별공제와 준공공임대주택을 양도할 때 주어지는 100% 양도소득세 감면 혜택도 받지 못한다.

주택임대사업자라면 꼭 알아야 할 오해와 진실

고가주택 갭투자자의
탈출구

8.2 부동산 대책으로 1주택자가 취득하는 조정대상지역 내의 주택도 거주 요건 2년을 갖춰야 비과세 혜택을 받을 수 있다. 그런데 이런 내용을 알지 못하고 강남의 아파트를 갭투자하는 투자자들이 종종 있다.

예를 들어 15억 원의 강남 아파트를 전세보증금 10억 원을 끼고 구입했다면 실투자 금액은 5억 원이지만, 2년 거주 요건을 지키기 위해서는 세입자에게 전세보증금을 주고 내보내야 한다. 그러려면 전세보증금 10억 원이 추가로 필요하다. 여유 자금이 충분하다면 세입자를 내보내고 실제 거주하여 거주 요건을 채울 수 있겠지만,

갭투자자라면 대부분 거주 요건을 충족시키기 어렵다. 그런데 이 럴 때도 주택임대사업자 등록을 통해 비과세를 받을 수 있다. (물론 9억 원 이상 주택의 경우에는, 9억 이하에 해당하는 양도 차익만 비과세이고 9억 원 초과분에 대해서는 과세이지만, 장기보유특별공제 80%를 받을 수 있기 때문에 실제 세금 부담은 크지 않다. 그래서 여기서는 비과세로 통칭했다.)

세무서와 지자체 모두에 주택임대사업자로 등록한 후에 의무임대기간을 채우고 양도하면, 거주 기간 예외에 해당하여 보유 요건만 충족해도 비과세 혜택을 받을 수 있다(소득세법 시행령 제154조의 제1항 4호에 따름). 즉, 의무임대기간 4년과 8년 중에 짧은 4년 단기임대로 임대주택으로 등록한 후에 전세를 4년 줬다가 양도하면 비과세 혜택을 적용받을 수 있다는 의미다. 물론 준공공임대주택으로 등록하여 의무임대기간 8년을 채워도 비과세 혜택을 받을 수 있다.

하지만 의무임대기간을 채우지 못하고 양도하면 비과세 혜택을 받을 수 없기 때문에 가급적 의무임대기간이 짧은 단기임대로 등록하는 게 유리하다.

이 거주 요건에 대한 예외 규정은 2017년 9월 19일에 신설된 규정이기 때문에, 세무공무원도 잘 모르는 경우가 많다. 그렇다고 세무공무원이 이 내용을 잘 모른다고 비난해서는 안 된다. 왜냐하면 세무공무원은 기본적으로 신고서 내용이 제대로 작성됐는지, 신고한 세금을 제대로 납부했는지 검토하는 것만으로도 시간이 부족하기 때문이다. 수시로 바뀌는 세법 내용을 모른다고 해서 그들을 비난하는 것은 그들의 업무 범위를 착각하는 것이다.

세무공무원 출신으로서 한 가지 노하우를 말하자면, 세무서에 전화할 때 친절해서 손해 볼 일은 없다. 가는 말이 고우면 오는 말도 곱고, 세금까지 줄 수 있다.

양도소득세 비과세 혜택을
반복해서 받을 수 있을까?

주택임대사업자의 거주주택 양도소득세 비과세 특례는 횟수에 상
관없이 계속 적용받을 수 있고, 일시적 2주택 비과세와도 함께 적
용받을 수 있다. 이 두 가지의 비과세 특례만 잘 활용하면 주택에
대한 양도소득세는 걱정하지 않아도 될 정도다.

다주택자가 거주주택 양도소득세 비과세 혜택과 일시적 2주택
비과세 혜택을 활용하여, 양도소득세 감면을 받을 수 있는 예를 들
어보겠다. 여기서는 모든 아파트가 서울에 있고, 가격은 기준시가
6억 원 이하, 시가는 9억 원 이하라고 가정한다.

한 3주택자가 있다. A아파트는 2013년 5월 19일에 취득했고 2년

주택임대사업자라면 꼭 알아야 할 오해와 진실

이상 거주했다. B아파트는 2016년 9월 4일에 취득했고, C아파트는 소형 아파트로 월세를 받기 위해 2017년 3월 3일에 취득했다.

그런데 C아파트를 임대주택으로 등록하고 2018년 5월에 A아파트를 양도하면, 일시적 2주택 규정을 충족하면서 동시에 거주주택 비과세 특례에도 충족하여 비과세 감면을 받을 수 있다. 어떻게 가능할까.

먼저 일시적 2주택 비과세 규정을 살펴보자. A아파트를 취득한 날로부터 1년 이상 지난 후에 B아파트를 취득했고, B아파트를 취득한 날로부터 3년 이내인 2018년 5월에 2년 이상 보유 및 거주한 A아파트를 양도하면 비과세 요건이 완벽하게 들어맞는다. (앞에서 설명한 기존주택 취득일로부터 1년 지난 후 신규주택을 취득하고, 기존주택을 2년 이상 보유 및 거주한 후에 신규주택 취득일로부터 3년 내에 기존주택을 양도하면 비과세라는 '1-2-3 법칙'을 적용할 수 있다.)

2년 이상 거주한 자가주택을 양도할 때 임대주택은 주택 수로 세

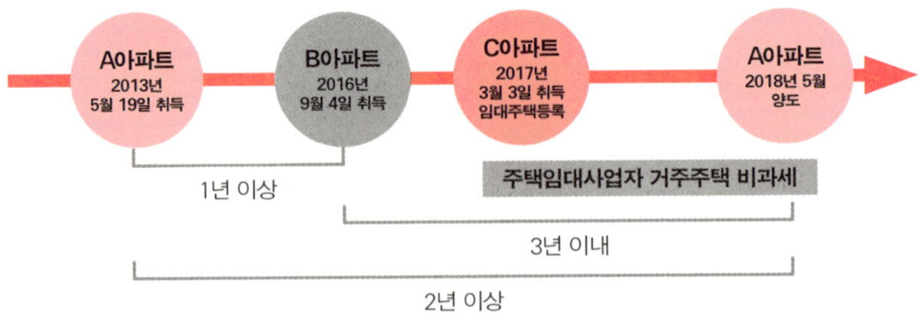

일시적 2주택 비과세 혜택의 예

지 않기 때문에 거주주택 역시 양도소득세 비과세 특례를 적용받을 수 있다. A아파트를 양도한 후에 B아파트에 다시 전입하여 2년 이상 거주하고, 다시 B아파트를 양도하면 역시 거주주택 양도소득세 비과세 특례를 반복해서 적용받을 수 있는 것이다.

임대주택사업자의 거주주택 비과세 특례와 일시적 2주택 비과세 특례를 활용하면 계속해서 살고 있는 집에 대해 비과세 적용을 받을 수 있다. 이는 실무적으로 다주택자들이 절세를 위해 가장 많이 활용하는 조합이기도 하다.

Summary

❶ 주택임대사업자의 거주주택 양도소득세 비과세 특례는 횟수에 상관없이 계속 적용받을 수 있고, 일시적 2주택 비과세와도 함께 적용받을 수 있다.

❷ 임대주택사업자의 거주주택 비과세 특례와 일시적 2주택 비과세 특례는 실무적으로 다주택자들이 절세를 위해 가장 많이 활용하는 조합이다.

재개발·재건축을
앞둔 주택도
임대주택으로
등록할 수 있을까?

상담을 하다 보면 재건축·재개발을 앞둔 노후 아파트를 임대주택으로 등록해야 하는지 고민하는 분들이 많다. 왜냐하면 기존주택이 공사로 인해 멸실되면 임대 기간을 따지기 애매하고, 재건축·재개발 이후로 주택 가격에도 변동이 생기기 때문이다. 또 그에 따른 임대료에도 큰 변화가 생긴다.

이처럼 재건축·재개발을 전후로는 고려해야 할 사항이 많다. 그렇기에 임대주택등록에 대해 고민하고 있다면 다음의 내용을 꼼꼼히 살펴봐야 한다.

임대 기간은 어떻게 따져야 할까?

가지고 있던 주택을 임대주택으로 등록하고, 임대하던 중에 재건축·재개발이 진행되는 경우가 있다. 이때 주택이 멸실되고 재건축·재개발 공사를 진행되면 자연스럽게 기존 임차인이 나가야 하고 공사 기간에는 임대를 계속할 수 없다. 그래서 재개발·재건축을 앞둔 주택을 가진 분들이, 공사로 인해 임대를 중단했다가 완공된 새로운 주택을 주택임대사업자로 등록하여 임대하면 각 임대 기간을 합칠 수 있는지 많이 궁금해한다.

세법에서는 기존주택과 재개발·재건축 후의 신규 주택을 같은 주택으로 보기 때문에, 재건축·재개발 전후의 임대기간을 합쳐서 의무임대기간을 충족하는지 여부를 판정한다. 당연히 임대하지 못한 공사 기간은 임대기간으로 인정되지 않는다.

예전에는 임대 기간을 합산해도, 재건축·재개발로 임대주택이 멸실되면 감면해줬던 종합부동산세와 이자 상당액을 추징했다. 그런데 이번에 세법이 개정되면서 신규주택이 준공된 후 6개월 이내에 다시 임대를 개시하고, 재건축·재개발 전·후의 임대 기간을 통산하여 의무임대기간을 충족하면 종합부동산세를 추징하지 않게 됐다.

입주권으로 전환돼도 비과세받을 수 있을까?

임대주택이 재건축·재개발되어 관리처분계획인가일 이후에 입주권으로 전환된 이후, 2년 이상 거주한 거주주택을 양도할 때 비과세 특례를 적용받을 수 있는지에 대한 질문도 자주 받는다.

국세청의 유권 해석에 따르면, 임대주택이 관리처분인가일 이후 입주권으로 전환된 경우에도 2년 이상 거주한 주택을 양도할 때는 비과세 적용이 가능하다. 정확한 설명은 아니지만 이해를 돕기 위해 단순하게 설명하면 다음과 같다.

재건축·재개발을 할 때 신규주택은 기존주택과 같은 주택으로 본다고 했다. 그런데 기존주택이 부동산에 대한 권리로 변한 게 입주권이다. 따라서 기존주택과 신규주택을 같은 주택으로 본다면, 입주권도 같은 것으로 보는 게 당연하다. 그래서 관리처분계획인가일 이후에 임대주택이 입주권으로 전환된 경우에도, 거주주택 비과세 특례가 적용된다.

신규주택이 6억 원을 초과해도 비과세받을 수 있을까?

기존주택을 임대주택으로 등록했을 때 기준시가가 6억 원(지방 3억 원)이었지만, 재개발·재건축 이후 건설된 신규주택의 기준시가가

6억 원을 초과할 때도 많다. 이때도 거주주택 양도소득세 비과세 적용을 받을 수 있을까.

결론부터 말하면 당연히 적용받을 수 있다. 세법에서는 재개발·재건축 이전의 기존주택과 신규주택을 같은 주택으로 보기 때문이다.

그리고 앞서 같은 주택이라면, 임대개시 시점의 기준시가가 6억 원이었다가 임대 기간 중에 6억 원을 초과해도 계속해서 세제 혜택을 부여받을 수 있다고 설명한 바 있다.

기존주택과 신규주택 중 임대료 인상의 기준은?

기존주택을 임대주고 있다가 재건축·재개발 후 신규주택을 다시 임대주택으로 등록하는 경우, 임대료 상한 기준이 언제인지 궁금해하는 분들도 많다.

앞에서 계속 살펴본 것처럼 재건축·재개발을 진행할 때 신규주택은 기존주택과 같은 주택으로 본다고 했다. 그렇다면 연간 임대료 제한도 재건축 전의 주택을 임대할 당시를 기준으로 계산하는 것이 논리상 맞을 것이다. 그러나 재건축·재개발 공사 기간이 최소 3년 이상 걸리는 것을 감안할 때, 기존주택을 기준으로 임대료를 올려야 한다면 임대인이 경제적으로 손해 볼 수밖에 없다. 이런 점을 감안해서 국세청에서는 임대사업자에게 유리한 유권해석을 내

주택임대사업자라면 꼭 알아야 할 오해와 진실

놓았다.

주택 재건축 등으로 신규주택을 취득하고 준공공임대주택으로 등록하여 임대를 개시할 때는 신규주택의 임차인과의 계약을 최초 임대차 계약으로 보아 임대보증금 및 임대료를 산정하라는 내용이다.

최초임대료는 임대사업자가 정할 수 있다는 내용을 떠올려보면(민간임대주택에 관한 특별법 제44조에 따름), 최초임대료를 임대사업자가 시세에 맞게 정하고, 그 이후에 최초임대료를 기준으로 연간 임대료 상한을 제한한다는 의미이기 때문에 임대사업자에게 유리한 유권해석이다. 주택임대사업자 등록을 장려하기 위한 정부의 입장이 담긴 유권해석이라는 생각도 든다.

아무튼 결론만 기억하면 되겠다. 재건축 후의 임대주택 최초임대료는 임대인이 정할 수 있고, 그 최초임대료를 기준으로 5% 상한을 정해야 한다.

Summary

❶ 재건축·재개발 주택은 기존주택과 신규주택을 같은 주택으로 보기 때문에, 재건축·재개발 전후의 임대기간을 합쳐서 의무임대기간을 충족하는지 판정한다. 임대하지 못한 공사 기간은 임대기간으로 인정되지 않는다.

❷ 임대주택이 관리처분인가일 이후 입주권으로 전환된 경우에도 2년 이상 거주한 주택을 양도할 때는 비과세 적용이 가능하다.

❸ 기존주택을 임대주고 있다가 재건축·재개발 후 신규주택을 다시 임대주택으로 등록하는 경우, 재건축 후의 임대주택 최초임대료는 임대인이 정할 수 있고, 그 최초임대료를 기준으로 5% 상한을 정해야 한다.

일찍 준비할수록 절세 효과가 큰 증여와 상속

세금, 끝날 때까지 끝난 게 아니다

뉴욕 양키스의 전설적인 포수 요기 베라가 감독이던 뉴욕 메츠는, 1973년 시카고 컵스에 9.5 게임차로 뒤진 채 리그 최하위를 달리고 있었다. 그런데 결국 시카고 컵스를 제치고 내셔널리스 동부 리그 우승을 거머쥐었다. 그때 요기 베라가 남긴 명언이 "끝날 때까지 끝난 게 아니다(It ain't over till it's over)"라는 말이다.

그런데 반대로 생각해보면 1위를 하고 있던 시카고 컵스는 잘하다가 막판에 역전을 당한 셈이다. 부동산도 마찬가지다. 부동산 투자 공부를 열심히 해서 잘 사고, 잘 팔고, 절세까지 해서 재산을 늘렸지만, 자녀에게 물려줄 준비를 제대로 하지 않아 재산을 다음 세

일찍 준비할수록 절세 효과가 큰 증여와 상속

대로 이전할 때 절반으로 줄어든다면 역전패를 당한 것이나 다름없다.

우리나라의 상속·증여세율은 최소 10%에서 최고 50%까지 5단계 누진세율이며, 세계적으로 매우 높은 수준이다. 그리고 최고 세율 구간은 과세표준이 30억 원을 넘으면 적용된다.

지금까지 많은 자산가들을 만나봤다. 그들은 재테크에도 관심을 기울였지만, 더 큰 관심사는 자녀에게 재산을 제대로 물려주는 것이었다. 제대로 물려준다는 것에는 여러 가지 의미가 있을 것이다. 하지만 그 기본은 내야 할 세금을 줄여서, 자녀가 이를 제대로 사용할 수 있도록 하는 것이다.

같은 규모의 재산을 보유했다고 해도, 사전 증여 등을 통해 부의 이전에 대한 계획을 세운 사람과 그렇지 않은 사람을 비교해보면 내야 하는 세금 차이가 크다는 것을 알 수 있다.

〔표〕 상속 · 증여세율

과세표준	세율	누진공제액
1억 원 이하	10%	
1억 원 초과 5억 원 이하	20%	1,000만 원
5억 원 초과 10억 원 이하	30%	6,000만 원
10억 원 초과 30억 원 이하	40%	1억6,000만 원
30억 원 초과	50%	4억6,000만 원

상속 VS 증여

먼저 상속과 증여의 차이점에 대해 알아보자.

증여는 생전에 무상으로 재산을 이전하는 것이고, 상속은 사후에 무상으로 재산을 이전하는 것이다. 상속세와 증여세는 모두 누진세율을 적용받고, 세율도 같아서 차이가 별로 안 난다고 오해를 많이 한다.

하지만 과세 대상이 다르다. 상속세는 피상속인(사망자)의 재산 전체가 과세 대상이다. 즉, 사망자가 재산을 얼마나 남겼는지에 따라서 세금이 달라진다. 반면에 증여세는 수증자*가 받은 재산을 기준으로 세금을 매긴다. 현재 아버지의 재산이 얼마든 간에 증여받은 재산에 대해서만 세금을 내면 된다.

수증자
증여를 받는 사람.

증여와 상속은 반대되는 개념이기보다 적절히 섞어서 잘 활용해야 하는 보완적인 관계다.

증여의 특징부터 알아보자. 현행 세법에서는 한 사람으로부터 10년간 증여받은 재산은 이를 합산해서 누진세율을 적용한다. 따라서 증여는 10년을 단위로 하는 것이 유리하다.

10년마다 증여하면 낮은 세율을 여러 번에 걸쳐 적용받을 수 있고, 증여의 면세점인 증여재산공제도 10년 단위로 적용받을 수 있기 때문이다.

그리고 증여받은 자산의 가치가 올라도 추가적인 세금 부담이 없다. 소유권이 이미 바뀌었기 때문이다. 사전에 증여받은 1억 원 가치의 재산이 상속 개시 시점에서 2억 원이 돼도, 처음 1억 원에 대한 증여세 신고가 정상적으로 이루어졌다면 증가한 1억 원에 대해서는 세금을 내지 않아도 된다. 또 증여는 상속과 달리 상속인이 아닌 며느리, 사위, 손자, 손녀에게도 할 수 있다.

〔표〕 증여재산공제

항목	공제 내용	비고
배우자	6억 원	수증자 기준 10년간 공제 금액
직계존비속	5,000만 원(미성년 2,000만 원)	
기타 친족	1,000만 원	

물론 상속에도 장점이 있는데, 상속은 상속공제가 다양하고 커서 세금 부담 없이 이전할 수 있는 재산 자체가 크다. 일반적으로 배우자가 있는 경우라면 10억 원까지, 배우자가 없는 경우라면 5억 원까지 상속세가 없다. 증여세의 면세점이라고 하는 증여재산공제가 배우자의 경우 10년 동안 6억 원, 성년 자녀의 경우 5,000만 원(미성년 2,000만 원)인 것에 비하면 공제 금액이 크다.

상속재산공제의 종류는 다음과 같이 다양하다. 기초공제, 인적공제, 일괄공제는 유리한 것을 선택해서 적용할 수 있다. 그런데 예전과는 달리 가족의 수가 줄면서 기초공제나 인적공제보다 일괄공제를 선택해야 유리한 경우가 많아졌다.

〔표〕 상속재산공제

구분		공제금액	공제한도
기초공제 및 인적공제	기초공제	2억 원	인원 제한 없음
	자녀공제	1인당 5,000만 원	
	미성년자공제	19세까지 연수×1,000만 원	
	연로자공제	1인당(65세 이상)×5,000만 원	
	장애인공제	장애인의 기대여명×1,000만 원	
일괄 공제		5억 원	기초공제 등과 선택 적용
배우자 공제	5억 원 이상인 경우	둘 중 적은 것(①, ②) ① 실제 상속받은 금액 ② (상속 재산×법정상속지분)- (상속 개시 전 10년 이내 배우자가 사전 증여 받은 재산의 과세표준)	30억 원
	5억 원 미만인 경우	5억 원	5억 원
금융재산공제	2,000만 원 이하	순금융재산의 가액	2억 원
	2,000만 원 초과	순금융재산의 20% 또는 2,000만 원 중 큰 금액	

상속재산공제 중에 가장 금액이 큰 것은 배우자공제로, 최대 30억 원까지 공제가 가능하다. 그런데 30억 원 한도를 다 공제받는 것은 쉽지가 않다. 가장 큰 이유는 실제 상속받은 재산과 법정지분이 다를 수 있기 때문이다.

상속을 한 번도 경험해보지 않은 분들이라면, 법정상속지분과 실제로 분배받은 상속 재산이 다를 수 있는 것을 이해하기 어려울 것이다. 피상속인이 유언장을 작성했다면 민법상의 법정상속지분과 관계없이 상속 재산을 배분할 수 있다. 그리고 유언장이 없어도 법정상속지분대로 나누는 것이 원칙이지만 상속인들 간의 협의에 따라 법정상속지분과 달리 상속 재산을 나눌 수도 있다. 이를 실제 분배받은 상속 재산과 법정상속지분이 다를 수 있다고 말하는 것이다.

앞에서 배우자공제는 실제 상속받은 금액과 상속 재산의 법정상속지분 중 적은 것을 공제해준다고 살펴봤다(사전에 증여받은 것이 없다는 전제다).

그런데 상속 재산이 50억 원이라고 해도, 자녀 한 명과 배우자만 있을 때 배우자의 법정상속지분은 30억 원일 뿐이고, 자녀가 두 명

〔표〕 상속 재산이 50억 원일 때, 배우자 법정상속지분액(사전 증여받은 것이 없는 경우)

	상속인	상속분	비율	배우자 법정상속지분
상속 재산 50억 원	장남과 배우자	장남 1 배우자 1.5	2/5 3/5	30억 원
	장남, 장녀, 배우자	장남 1 장녀 1 배우자 1.5	2/7 2/7 3/7	21억4,285만 원
	장남, 장녀, 차남, 차녀, 배우자	장남 1 장녀 1 차남 1 차녀 1 배우자 1.5	2/11 2/11 2/11 2/11 3/11	13억6,363만 원

이상이라면 모두 30억 원에 못 미치게 된다. 자녀가 두 명 이상이면 상속 재산이 50억 원 넘고, 배우자가 받은 상속 재산이 30억 원이 넘더라도 배우자공제 30억 원 한도를 다 채울 수 없다는 뜻이다.

법정상속지분보다 배우자가 실제로 더 많이 상속받더라도 법정상속지분금액을 초과하면 배우자공제는 법정상속지분에 해당하는 금액만 받을 수 있다. 결국 배우자공제 30억 원 한도를 다 채운다는 것은 배우자가 실제 상속 재산을 분배받은 것도 30억 원 이상이고, 배우자의 법정상속지분도 30억 원 이상 돼야 가능하다는 의미다.

🔖 Summary

❶ 상속세는 피상속인의 재산 전체가 과세 대상이다. 즉, 사망자가 재산을 얼마나 남겼는지에 따라서 세금이 달라진다. 반면에 증여세는 수증자가 받은 재산이 과세 대상이다.

❷ 증여는 10년을 단위로 하는 것이 유리하고, 증여받은 자산의 가치가 올라도 추가적인 세금 부담이 없다.

❸ 증여는 상속과 달리 상속인이 아닌 며느리, 사위, 손자, 손녀에게도 할 수 있다.

❹ 상속은 상속공제가 다양하고 커서 세금 부담 없이 이전할 수 있는 재산 자체가 크다. 상속재산공제 중에 가장 금액이 큰 것은 배우자공제로, 최대 30억 원까지 가능하다.

상속에 대한 기본 상식

상속세는 민법 중 상속에 관한 규정을 따르므로 민법의 내용을 간략하게 살펴보면서, 핵심 용어와 개념에 대해 알아보자.

1. 용어의 정의

- 피상속인: 사망한 사람
- 상속인: 재산을 상속받을 사람
- 상속 개시일: 사망일
- 직계비속: 자녀나 손자녀처럼 나로부터 출산된 혈족
- 직계존속: 부모나 조부모처럼 나를 출산하도록 한 혈족
- 방계혈족: 형제자매와 형제자매의 직계비속(조카), 직계존속의 형제자매(삼촌·고모 등)와 그 형제자매의 직계비속(4촌·6촌 등)

2. 상속의 순위

유언장을 작성한 경우에는 유언장의 내용을 따르며, 유언이 없다면 민법에서 정한 순위를 따른다.

〔표〕 민법상 상속의 순위

구분	피상속인과의 관계	상속인 여부
1순위	직계비속과 배우자	항상 상속인이 된다
2순위	직계존속과 배우자	직계비속이 없는 경우 상속인이 된다
3순위	형제자매	1, 2순위가 없는 경우 상속인이 된다
4순위	4촌 이내의 방계혈족	1, 2, 3순위가 없는 경우 상속인이 된다

법정상속인을 결정할 때, 같은 순위의 상속인이 여러 명이면 촌수가 가장 가까운 상속인을 우선순위로 하며, 촌수가 같은 상속인이 여러 명이면 공동상속인이 된

다. 예를 들어 직계비속으로 자녀 2명과 손자녀 2명이 있는 경우에는, 자녀 2명이 공동상속인이 되고 손자녀는 법정상속인이 되지 못한다.

배우자는 1순위인 직계비속과 같은 순위로 공동상속인이 되며, 직계비속이 없는 경우에는 직계존속과 공동상속인이 된다. 직계비속과 직계존속이 모두 없는 경우에는 배우자가 단독상속인이 된다.

3. 상속지분

피상속인은 유언에 따라 공동상속인 사이의 상속분을 지정할 수 있으며, 유언이 없는 경우에는 민법에 따라 같은 순위의 상속인 사이에는 상속분이 동일하다. 배우자의 상속분은 직계비속과 공동으로 상속하는 때는 직계비속의 상속분에 50%를 가산하고, 직계존속과 공동으로 상속하는 때도 직계존속의 상속분에 50%를 더한다.

4. 유류분 제도

유언에 의해 재산을 상속할 때 피상속인의 의사가 감정적으로 한쪽에 치우치면 여러 사람의 상속인 중에 한 사람에게만 재산을 상속하거나, 상속인이 아닌 타인에게 전 재산을 유증(유언에 의한 재산증여)함으로써 상속인이 재산을 하나도 받지 못하는 경우가 생길 수 있다.

그래서 민법에서는 각 상속인이 최소한도로 받을 수 있는 상속분을 법으로 정하고 있는데, 이를 '유류분(遺留分)'이라고 한다. 상속권이 있는 상속인의 유류분은 다음과 같다.

① 피상속인의 배우자 및 직계비속: 법정상속지분의 1/2
② 피상속인의 직계존속 및 형제자매: 법정상속지분의 1/3

유류분에 못 미치게 상속을 받으면 상속인 사이에 유류분 소송을 통하여 반환을 청구할 수 있으며, 일반적으로 피상속인의 사망일로부터 1년 안에 소송을 제기해야 한다.

구분	상속인	상속분	비율
자녀 및 배우자가 있는 경우	장남과 배우자	장남 1 배우자 1.5	2 / 5 3 / 5
	장남, 장녀, 배우자	장남 1 장녀 1 배우자 1.5	2 / 7 2 / 7 3 / 7
	장남, 장녀, 차남, 차녀, 배우자	장남 1 장녀 1 차남 1 차녀 1 배우자 1.5	2 / 11 2 / 11 2 / 11 2 / 11 3 / 11
자녀는 없고 배우자와 직계존속만 있는 경우	부모, 배우자	부 1 모 1 배우자 1.5	2 / 7 2 / 7 3 / 7

사전 증여를
해야 하는 이유

자녀가 결혼할 때 집 한 채 마련해주려고 했다가 적지 않은 증여세 때문에 고민하는 경우를 자주 보게 된다. 예전과 달리 이제는 자녀 이름으로 전세를 얻을 때도 자금 출처 소명을 요구받는 경우가 많아져서 증여세의 부담에서 자유로울 수 없다.

자녀의 결혼에 임박해서 주택을 구입하거나 전세금을 위해 자금을 증여하려고 하면 증여세를 부담할 수밖에 없다. 세금 없이 줄 수 있는 금액은 5,000만 원뿐이기 때문이다.

우리나라는 아직도 어린 자녀에게 목돈을 주면 자녀의 태도에 안 좋은 영향을 줄 수 있다는 생각 때문인지, 미성년인 자녀에게 증

일찍 준비할수록 절세 효과가 큰 증여와 상속

여하는 것을 꺼리는 경향이 있다. 하지만 출생 시점부터 10년 간격으로 꾸준히 자녀에게 증여하면 증여세의 부담 없이 자녀가 30세가 됐을 때 1억4,000만 원을 마련해줄 수 있다.

2013년도부터 증여재산공제 한도가 미성년의 경우 2,000만 원, 성년의 경우 5,000만 원으로 확대됐기 때문에, 증여세 부담 없이 미성년일 때 2,000만 원씩 2번 증여, 성년이 됐을 때 5,000만 원씩 2번 증여할 수 있다. 이렇게 증여한 재산은 자산 증식까지 감안하면, 자녀가 결혼을 앞둔 시점에 수도권에 전셋집 정도는 마련할 수 있는 자금으로 활용할 수 있을 것이다.

물려줄 재산이 10억 원 이상으로 많다면 사전 증여는 더욱 중요하다. 앞에서 증여와 상속은 서로 반대되는 개념이라기보다 함께 활용해야 하는 보완적인 관계라고 말했는데 여기서 그 이유를 살펴보려고 한다.

상속이 발생하는 시점에는 상속인들에게 10년 이전에 증여했던 재산이 다시 합산된다(상속세 및 증여세법에 따름). 국세청 입장에서 생각해보면 만약 재산을 사전에 증여하지 않았다면, 상속 재산이 더 많아져서 세금을 더 많이 걷을 수 있다(누진세율이라 재산이 많을수록 세금이 많다). 그런데 사전에 미리 상속인들에게 증여해버려서(증여는 받은 수증인이 받은 재산을 기준으로 계산한다) 낮은 세율로 증여세를 내고, 나중에 상속이 개시됐을 때 피상속인의 남아 있는 재산이 줄어서 상속세가 적게 걷히면 세수가 줄게 된다. 그래서 세수가 줄어드는 효과를 줄이기 위해 사망일로부터 10년 이전에 증여한 재산은 상속 재산에 다시 합산하여 과세한다.

미리 증여받은 재산을 합산하면 다시 높은 세율로 상속세가 계산된다. 물론 먼저 낸 증여세는 빼주지만, 낮은 세율로 먼저 낸 증여세보다 더 많은 세금이 계산되므로 추가적으로 세금을 내야 한다. 증여한다고 해서 그냥 상속세가 줄어드는 것은 아니라는 뜻이다.

사전에 증여하더라도 상속 시작 10년 이전에 해야만 상속세가 줄어든다.

20억 자산가의 상속세

실제로 자산가들은 미리미리 자녀를 위한 상속 플랜을 짠다. 상속 플랜이라고 하면 거창하고 어려울 것 같은 느낌이지만 간단하게 설명하면, 부모의 재산은 줄게 하고 자녀의 재산은 늘게 하면서 세금의 부담을 최소화하는 것이다.

이러한 상속 플랜의 핵심은 사전 증여다. 상속 발생 시 이전에 증여했던 재산이 합산되지 않도록 준비한 경우와 상속을 전혀 준비하지 않은 경우를 비교해보자.

30년 간 직장생활과 부동산 투자 등을 통해서 20억 원의 재산을 갖게 된 60세 A씨가 있다. 자녀는 둘이고, 배우자에게 재산은 없다.

일찍 준비할수록 절세 효과가 큰 증여와 상속

A씨가 85세까지 산다고 가정하면, 앞으로 10년 단위로 두 번 정도 증여할 기회가 있다. 증여로 재산을 분산할 대상은 자녀 두 명과 배우자다.

먼저 사전 증여를 전혀 하지 않은 채 20억 원이 상속을 통해 이전되면, 일괄공제 5억 원과 배우자공제 5억 원, 총 10억 원의 상속공제를 받을 수 있다. 그러면 과세표준 10억 원에 대해 2.4억 원(10억 원×적용세율 30%-누진공제액 6,000만 원)의 상속세를 부담해야 한다.

반면 10년마다 두 자녀에게 각각 1억5,000만 원씩 증여하면 총 4,000만 원의 증여세가 발생하고, 세후 5.6억 원(1.5억 원×2명×2번-4,000만 원)을 줄 수 있다.

배우자에게는 두 번의 증여 기회를 모두 활용하여 세금 없이 12억 원까지 줄 수 있지만 6억 원까지만 증여한다고 하면, 모두 합쳐서 세후 11.6억 원을 줄 수 있다.

최종적으로 상속 개시 시점에는 8억 원(20억 원-6억 원-6억 원)의 재산이 남고, 배우자공제 5억 원과 일괄공제 5억 원을 받으면 상속세는 없다.

이 사례에서는 25년간 자산이 증가하지 않는 것으로 가정하고 계산했지만, 자산의 증가분까지 생각한다면 세금 차이는 더 커질 수밖에 없다.

Summary

❶ 증여재산공제 한도는 미성년의 경우 2,000만 원, 성년의 경우 5,000만 원으로, 증여세 부담 없이 미성년일 때 2,000만 원씩 2번 증여, 성년이 됐을 때 5,000만 원씩 2번 증여할 수 있다.

❷ 사전에 증여하더라도 상속 시작 10년 이전에 해야 상속세가 줄어든다.

스마트하게
증여하는 법

상속플랜의 핵심은 사전 증여를 통해서 재산을 분산하는 것이다.
무엇을, 누구에게, 어떻게 줘야 더 스마트하게 증여할 수 있을까.

빠를수록 좋다

사전 증여를 하기로 마음먹었다면 실행은 빠를수록 좋다. 증여의
특징에서 살펴본 것처럼, 한 사람으로부터 10년간 증여받은 재산
은 이를 합산해서 누진세율을 적용한다. 따라서 증여는 10년 단위

로 하는 것이 유리하다.

10년마다 증여하면 낮은 세율을 여러 번에 걸쳐 적용받을 수 있다. 증여의 면세점인 증여재산공제도 10년마다 공제받을 수 있기 때문에 증여는 빨리 시작해야 유리하다. 그리고 상속 재산에 합산되는 기간이 10년이므로, 증여는 건강할 때 미리 해야 절세 효과가 크다.

많은 이들이 증여재산공제 적용에 있어서 주는 사람이 다르면 받을 때 각각 적용된다고 알고 있다. 예를 들어 아버지가 줄 때, 어머니가 줄 때, 할아버지가 줄 때 각각 5,000만 원씩 공제받을 수 있다고 여기는 것이 바로 그것이다. 하지만 이는 오해다.

세법에서는 아버지와 어머니는 동일인으로 보고, 직계존속(조부, 조모, 부, 모 등)으로부터 받은 재산 전체를 합해서 성인인 경우에 5,000만 원 공제가 가능하다. 예를 들어 작년에 아버지께 1억5,000만 원을 받았고, 올해 어머니께 1억5,000만 원을 받았다면, 아버지께 증여받을 때 5,000만 원 공제를 받아서 1억 원에 대해서는 10% 세율로 증여세 950만 원(신고세액공제 5% 적용)을 납부했어야 한다. 그리고 올해 어머니께 받은 1억5,000만 원 전체에 대해서는 20% 세율로 증여세 2,850만 원(신고세액공제 5% 적용)을 납부해야 한다.

아버지와 어머니를 동일인으로 보기 때문에, 아버지와 어머니로부터 10년간 받은 재산을 모두 합해서 세율을 적용하기 때문이다. 같은 원리로 아버지로부터 10억 원을 한 번에 받을 때나 10년에 걸쳐서 1억 원씩 나눠서 받을 때의 증여세는 같다.

일찍 준비할수록 절세 효과가 큰 증여와 상속

나눠서 주자

세금을 내지 않고 자녀에게 줄 수 있는 재산은 5,000만 원(미성년 2,000만 원)이다. 며느리, 사위는 기타 친족으로 분류되어 1,000만 원까지 세금 없이 줄 수 있다. 증여세는 받은 재산을 기준으로 계산하기 때문에, 같은 금액을 줘도 한 사람에게 주는 것보다 여러 명에게 나누어 줄수록 절세 효과가 커진다. 그렇기 때문에 최대한 나눠서 주는 게 절세 측면에서 유리하다.

한 가지 염두에 둬야 할 점은 상속인이 아닌 자(예를 들어 며느리, 사위)에게 증여한 후 5년이 경과하면 상속이 발생해도 상속 재산에 합산되지 않는다는 것이다. 그러므로 상속인이 아닌 자에게까지 증여하는 것은 절세 방법 중 하나다.

결혼한 아들에게 2억6,000만 원을 한 번에 주면 증여세는 30,400,000원이지만, 아들에게 1억5,000만 원, 며느리에게 1억1,000만 원을 나누어서 주면 증여세는 1,900만 원으로 11,400,000원을 절세할 수 있다.

증여세는 증여받은 날이 속하는 달의 말일로부터 3개월 안에 자진신고하면 납부할 세액의 5%를 공제해준다. 예를 들어 2018년 3월 3일에 증여받았다면 2018년 6월 30일까지 신고해야 세액의 5%를 공제받는다.

참고로 상속은 상속일이 속하는 달의 말일로부터 6개월 안에 자진 신고하면 신고세액공제를 적용받는다.

구분	단독증여(아들)	분산증여		
		아들	며느리	합계
증여재산가액	260,000,000	150,000,000	110,000,000	260,000,000
(-)증여재산공제	50,000,000	50,000,000	10,000,000	
(=)과세표준	210,000,000	100,000,000	100,000,000	
(X)세율	20%	10%	10%	
(=)산출세액	32,000,000	10,000,000	10,000,000	20,000,000
(-)신고세액공제	1,600,000	500,000	500,000	1,000,000
(=)납부세액	30,400,000	9,500,000	9,500,000	19,000,000
차액	11,400,000			

▶ (단위: 원)

우량 자산을 주자

증여에 대해 가장 많이 받는 질문 중 하나가, 증여할 때 어떤 자산을 주는 것이 좋냐는 질문이다. 세금으로만 따진다면 우량한 자산을 먼저 주는 것이 좋다.

그런데 사전 증여를 하더라도 10년(상속인 외 5년)이 경과되기 전에 상속이 개시되면 증여 재산이 상속 재산과 합산이 된다. 그러면 10년을 못 채우면 절세가 전혀 되지 않는 걸까.

그렇지 않다. 증여의 특징에서 살펴보았지만 증여를 받으면 소유권이 바뀌는 것이므로 증여 이후의 자산 가치 상승분은 수증자의 몫이다. 그래서 현재는 저평가돼 있지만 향후에 많은 가치 상승이 예상되는 자산을 주는 것이 유리하다. 지금도 저평가되어 있고 나중에도 계속 저평가 상태로 있을 자산은 증여보다 상속으로 물려주는 편이 낫다.

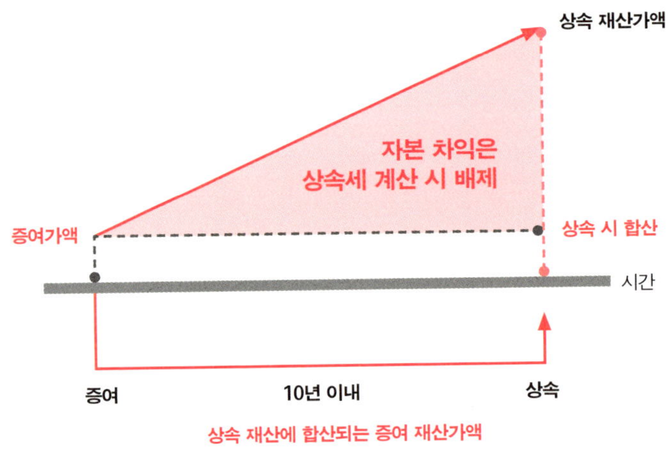

상속 재산에 합산되는 증여 재산가액

증여 시점에서 똑같이 1억 원으로 평가되는 부동산이 A, B가 있다고 하자. 그런데 증여 후 5년이 지나 각각 자산 가치가 5억 원과 2억 원으로 평가된다면 A부동산을 주는 것이 B부동산을 주는 것보다 절세 효과가 더 크다.

〔표〕 저평가 우량자산증여 절세 효과

구분		A부동산	B부동산
5년 후 증여	증여가액	5억 원	2억 원
	증여세	7,600만 원	1,900만 원
지금 증여	증여가액	1억 원	1억 원
	증여세	475만 원	475만 원
절세 효과		7,125만 원	1,425만 원

증여가 독이 되는 경우도 있다고?

증여를 통해서 마련된 목돈을 자녀의 양육과 교육비에 사용하기 위해서 지출할 계획이라면, 굳이 자녀 명의로 금융상품 등에 가입해서 증여세 신고를 할 필요는 없다.

어차피 부모가 소득과 재산이 없는 자녀를 위해 지출하는 양육비와 교육비는 이미 증여세를 부과하지 않는 증여 재산으로 열거하고 있기 때문이다.

만약 미성년인 자녀에게 증여한 재산이 2,000만 원을 초과해서 증여세를 납부했다면, 나중에 그 재산을 자녀의 교육비 등으로 전부 지출하더라도 이미 납부한 세금은 돌려받지 못한다. 이런 경우에는 안 내도 될 증여세를 낸 셈이나 다름없다.

상속이 임박하여 급하게 부동산을 매각해서 자녀들에게 현금을 증여하는 경우도 있다. 자녀 중 특정 자녀에게만 재산을 물려주고

싫거나 본인이 살아 있을 때 재산을 정리하고 싶은 마음에 이런 결정을 하는 경우가 대부분이다.

그런데 이런 증여는 대부분 독이 될 가능성이 크다. 왜냐하면 한 번만 내도 될 세금을 여러 번 내야 되기 때문이다. 부동산을 매각하면서 양도소득세를 부담하고, 남은 현금을 자녀에게 증여하면서 증여세를 부담하고, 곧 이어서 상속이 개시된다면 절세 효과를 거의 얻지 못한 상태에서 상속세도 내야 한다.

뒤에 소개될 '꼬마빌딩을 통한 절세의 비밀'에서 자세히 살펴보겠지만, 아파트를 제외한 대부분의 부동산은 시가의 60~70% 수준인 기준시가로 평가된다. 만약 급하게 부동산을 팔지 않는다면, 시가보다 훨씬 낮은 수준인 기준시가로 평가받고 거기서 또 상속공제를 받은 후에 상속세를 한 번만 부담하면 된다.

대출을 끼고 증여하면 세금이 적게 나온다?

증여는 무상으로 재산을 이전시켜주는 것이다. 그런데 부동산을 증여할 때 받는 사람이, 전세보증금이나 담보대출금과 같은 채무까지 인수하는 경우가 있다. 이런 증여 형태를 '부담부증여'라고 부른다.

양도와 증여는 대가를 지불하느냐 아니냐의 차이로 아무런 대가 없이 재산을 이전하는 것이 증여고, 대가를 받고 재산을 이전하는 것은 양도다.

그런데 부담부증여는 단순증여와 양도가 섞여 있는 형태다. 대가의 지불을 채무 인수로 대신하는 것이다. 그래서 단순증여는 증여세만 신고하면 되지만, 부담부증여는 증여세 신고와 양도소득세 신고를 함께해야 한다. 부채 승계를 대가를 지불하는 양도로 보고, 전체 자산평가액 중 부채를 초과하는 부분은 증여받은 것으로 보는 것이다. 양도에 해당하는 부분은 양도자가 양도소득세를 신고해야 하고, 증여에 해당하는 부분은 수증자가 증여세를 신고해야 한다.

그런데 대출을 끼고 증여하면 세금이 적게 나올 수도 있고, 많이 나올 수도 있다. 왜냐하면 부담부증여를 하면 증여세는 분명히 줄어들지만, 증여자가 추가로 내야 하는 양도소득세가 증여세보다 더 많이 나올 수도 있기 때문이다.

예를 들어 2주택자가 다주택자 중과를 피하기 위해 2018년 4월 1일 이전에 주택 한 채를 자녀에게 증여한다고 가정해보자. 증여하려는 주택은 현재 9억 원이고, 5년 전에 5억 원에 취득했으며, 현재 보증금 5억 원에 전세를 주고 있다. 이때 단순증여를 할 때와 부담부증여를 할 때의 세금을 비교해보자.

단순증여를 하면 1억8,000만 원이 넘는 증여세를 내야 하지만, 부담부증여를 하면 증여세 5,700만 원, 양도소득세 약 9,900만 원을 내야 한다. 부담부증여를 할 때 약 2,900만 원의 절세 효과를 얻을 수 있는 것이다.

그런데 부담부증여를 고려할 때 주의해야 할 점이 있다. 위의 사례처럼 전세보증금이 아닌 아파트 담보대출을 넘겨주는 조건이라면 대출금이 승계되는 과정에서 대출한도가 줄지는 않는지 확인해야 한다. 다주택자에 대한 세금 중과와 함께 대출 규제도 하고 있기

〔표〕 단순증여와 부담부증여 비교

단순증여		부담부증여			
	증여세		증여세		양도소득세
증여재산가액	900,000,000	증여재산가액	900,000,000	양도가액	500,000,000
(−)채무액		(−)채무액	500,000,000	(−)취득가액	277,777,778
(=)증여세 과세가액		(=)증여세 과세가액	400,000,000	(−)필요경비	
(−)증여재산 공제	50,000,000	(−)증여재산 공제	50,000,000	(=)양도 차익	322,222,222
(=)과세표준	850,000,000	(=)과세표준	350,000,000	(−)장기보유 특별공제	32,222,222
(×)세율	30%	(×)세율	20%	(−)양도소득 금액	290,000,000
(=)산출세액	195,000,000	(=)산출세액	60,000,000	(−)기본공제	2,500,000
(−)신고세액 공제	9,750,000	(−)신고세액 공제	3,000,000	(=)과세표준	287,500,000
(=)납부세액	**185,250,000**	(=)납부세액	**57,000,000**	(×)세율	38%
				(=)산출세액	89,850,000
				총 납부세액 (지방세액 포함)	**98,835,000**
차이			**29,415,000**		

▶ (단위: 원)

때문에, 종전의 대출 금액만큼 한도가 나오지 않아 승계를 못 하는 경우도 많이 있기 때문이다. 그렇기 때문에 부담부증여를 하기 전에 은행에서 대출 승계 시 한도가 줄지 않는지 확인해야 한다.

만약 1주택자가 2년 이상 보유한 주택을 부담부증여로 자녀에게 넘겨준다면 양도소득세는 비과세 혜택을 받을 수 있다. 그러면 단순증여에 비해 절세 효과는 훨씬 커진다. 하지만 위의 사례처럼 2주택자나 혹은 3주택 이상자가 부담부증여를 한다면, 양도소득세가 중과돼서 단순증여보다 세금 부담이 더 커질 수 있다.

단순증여와 부담부증여 중 어떤 것이 더 유리하다고 단정적으로 말할 수는 없다. 부동산의 종류, 취득시기, 취득가액 등에 따라 높은 양도소득세율이 적용되는 경우에는 부담부증여가 오히려 불리할 수도 있다. 따라서 가진 자산과 상황에 따라 어떤 방식이 더 절세되는지 미리 꼭 계산해봐야 한다.

Summary

❶ 증여세는 받은 재산을 기준으로 계산하기 때문에 한 사람보다 여러 명에게 나누어 줄수록 절세 효과가 커진다.

❷ 증여할 때는 현재는 저평가돼 있지만 향후에 많은 가치 상승이 예상되는 자산을 주는 것이 유리하다.

❸ 채무까지 인수하는 증여 형태를 '부담부증여'라고 부르는데, 부담부증여는 하기 전에 은행에서 대출 승계 시 한도가 줄지 않는지 확인해야 한다.

일찍 준비할수록 절세 효과가 큰 증여와 상속

손자 증여가
늘어나는 이유

최근의 증여 트렌드라면 손자녀에 대한 증여가 늘고 있다는 것이다. 전통적으로 증여라고 하면 자녀에게만 하는 것을 생각했는데, 요즘은 자녀뿐 아니라 손자녀에게도 많이 증여한다. 부분적으로는 여러 명에게 증여하는 것이 유리하기 때문이기도 하다.

세법에서는 손자녀에게 증여하는 것처럼, 증여자와 수증자 사이에 2대 이상의 세대 차이가 있는 증여를 '세대생략증여'라고 한다. 조부모 세대로부터 1세대를 생략하고 손자녀에게 직접 증여하면, 증여 과정에서 생략된(즉, 조부의 아들이 부담해야 할 한 번의) 증여세 부담을 회피하는 결과가 나타나기 때문에, 세대생략증여에 대한 과세를 강화하기 위해 자녀에게 증여할 때보다 30%의 세금을 더 내게 한다. 이를 '세대생략할증과세'라고 하는데, 세금을 더 내야 함에도 불구하고 손자녀들에게의 증여가 늘어나는 이유는 무엇일까.

세대생략할증과세란, 할증보다는 실제로 할인에 가까운 제도다. 정상적인 증여 과정이란 할아버지에서 아들로, 아들에서 다시 손자에게로 가는 구조다. 할아버지가 아들에게 증여하면서 증여세를 납부하고, 아들이 다시 손자에게 재산을 넘겨줄 때 다시 증여세를 납부한다. 실제적으로는 2번의 세금을 납부해야 하지만, 할아버지가 손자녀에게 증여할 때는 1.3배에 해당하는 세금만 내기 때문에 실제로는 70% 할인에 가깝다.

증여재산공제액 이상의 재산을 증여할 때는, 부모와 조부모가 따로 증여하는 것이 유리하다. 증여세는 누진세율이 적용되기 때문에 동일인에게 10년간 증여받은 재산은 증여세를 계산할 때 합산해야 하므로, 동일인에게 많이 받는 것보다 나눠 받는 것이 더 유리하다.

세법에서는 아버지와 어머니를 동일인으로 판정하지만, 아버지와 할아버지는 동일인이 아니다. 예를 들어 아버지께 1.5억 원을 이미 증여받고 1억 원을 추가로 증여받으면 세율 20%가 적용되지만, 할아버지께 1억 원을 증여받으면 세율 10%에 30%가 할증된 13% 세율이 적용되어 세금을 더 적게 낸다. 물론 아버지도, 할아버지도 증여할 재산이 충분히 있을 때나 가능한 절세 방법이다.

일찍 준비할수록 절세 효과가 큰 증여와 상속

Summary

❶ '세대생략증여'란 손자녀에게 증여하는 것처럼 증여자와 수증자 사이에 2대 이상의 세대 차이가 있는 증여를 말한다.

❷ 세대생략증여에 대한 과세를 '세대생략할증과세'라고 하는데 실제로는 할증이라기보다 70% 할인에 가깝다. 따라서 손자녀에 대한 증여가 늘고 있는 추세다.

꼬마빌딩을 통한 절세의 비밀

임대수익도 누리고, 자본차익도 노릴 수 있는 서울 지역 50억 원 이하의 빌딩을 '꼬마빌딩'이라고 부른다. 금리가 낮았던 시절에는 은행 이자보다 나은 임대소득을 기대할 수 있어서 특히 인기가 많지만, 최근에는 임대수익이나 자본차익 이외의 목적으로 구입하는 경우도 많다. 바로 상속과 증여를 위해 구입하는 것이다.

얼마 전 신문기사에 이런 헤드라인이 나온 적이 있다.

"부유층 탈세로 악용되는 '꼬마빌딩',

꼬마빌딩을 통해 '상속' '증여'하는 사례 늘어…"

꼬마빌딩으로 증여세를 어떻게, 얼마나 아낄 수 있기에 이런 기

일찍 준비할수록 절세 효과가 큰 증여와 상속

사까지 난 걸까.

부동산 평가의 원칙

꼬마빌딩을 이용한 절세 방법을 이해하기 위해 절세의 기본 지식인 부동산 평가 방법과 시가의 범위부터 알아봐야 한다.

상속세 및 증여세법에서 부동산을 평가할 때는 평가기준일의 시가를 원칙으로 평가한다. 평가기준일은 증여일과 상속 개시일을 말한다.

아파트나 오피스텔은 국토교통부 실거래가 공개시스템(http://rt.molit.go.kr)에서 같은 단지 내 같은 평형이 얼마에 거래되고 있는지 확인할 수 있고, 그 가격을 매매사례가액으로 하여 시가로 사용할 수 있다. 그리고 매매사례가액이 없을 때도 감정평가액 등이 있으면 시가로 사용할 수 있다.

하지만 단독주택이나 다가구주택은 바로 옆집이라고 해도 가격을 비교할 만한 주택으로 보기는 어렵기 때문에, 옆집의 매매 가격을 내 집의 시가로 적용하기 어렵다. 그리고 대출을 받는 경우가 아니라면 실제로 감정가액이 있는 경우도 거의 없다. 따라서 단독주택, 다가구·다세대주택, 상가, 농지, 임야 등과 같이 시가를 확인하기 어려운 부동산은 '상속세 및 증여세법'에 따른 보충적 평가 방법을 사용한다. 그 보충적 평가 방법이 우리가 아는 기준시가다.

시가를 100%으로 본다면 감정가액은 시가의 90% 수준이고, 기준시가는 시가의 60~70% 수준이다.

세법상 부동산 평가의 적용 순서는 다음과 같다.

① 평가기준일의 시가(원칙).

② 수용가격·공매가격 및 감정평가액 등 시가로 인정되는 것.

③ 보충적 평가 방법: 개별공시지가 및 건물 기준시가 등.

〔표〕 부동산의 보충적 평가 방법

토지	개별공시지가(부동산 가격공시 및 감정평가에 관한 법률에 따름)
건물	매년 1회 이상 국세청장이 산정·고시한 가액에 의한 상속세 및 증여세 법상 평가가액
오피스텔과 상업용 건물	일정 규모 이상인 상업용 건물의 토지와 건물에 대해 일괄 고시한 가액
주택	개별단독주택가격 및 공동주택가격(부동산 가격공시 및 감정평가에 관한 법률에 따름)

부동산 시가의 범위

부동산을 평가하는 원칙은 시가라고 했다. 그러면 시가는 언제부터 언제까지의 가격을 의미할까.

증여의 경우, 평가기준일로부터 앞뒤로 3개월씩 총 6개월 기간의

일찍 준비할수록 절세 효과가 큰 증여와 상속

가격을 시가로 본다. 상속의 경우, 상속 개시일로부터 앞뒤로 6개월씩 총 12개월의 기간을 시가로 본다. 그리고 매매사례가액은 증여세나 상속세 신고일 이후에 거래된 가액을 적용할 수 없다.

따라서 신고하는 사람 입장에서 짧게는 과거의 3개월(6개월) 동안 매매사례가액이 없으면 시가가 없는 것으로 보고 보충적 평가 방법인 공시가격으로 신고할 수도 있다. 일부 대형평형 아파트는 1년에 거래가 몇 건 없는 경우도 많아서 6개월간 거래가 없을 수도 있다.

하지만 국세청이 이런 꼼수를 가만히 둘 리 없다. 국세청에서는 평가 기간 동안 비교 가능한 아파트의 매매사례가액이 없어도 (특별한 시가 변동 상황이 없는 상태에서) 2년 이내의 매매사례가액이 있으면 평가심의위원회의 자문을 거쳐 그 금액을 시가로 간주하고 과세할 수 있다. 다시 말해 아파트의 시가가 과거 2년 동안 변동하지 않았다면, 과거 2년 내의 매매사례가액도 시가가 될 수 있다는 의미다.

시가의 범위

꼬마빌딩을 이용한 절세 방법

다음은 최근 핫플레이스로 급부상하고 있는 성수동의 꼬마빌딩에 대한 정보다. 대지면적 약 100평 위에 지어진 지 45년이 넘은 허름한 건물으로, 거래 가격은 70억 원, 평당 가격은 7,000만 원이다. 그런데 취득 시 토지공시가격은 16억2,800만 원이다. 공시가격이 시가의 약 23%에 불과한 것이다.

〔표〕 꼬마빌딩을 이용한 증여세 절세 사례

	기준시가		
물건지	서울시 성수동 1가 **		
구분	건물	토지	합계
면적	200m²	330m²	
취득가액	45,105,962원	6,954,894,038원	7,000,000,000원
증여기준시가	12,225,423원	1,885,039,506원	1,897,264,929원
취득기준시가	10,560,780원	1,628,368,000원	1,638,928,780원

부동산을 구입할 때 100% 자기 자금만으로 사는 경우는 드물다. 보통 자기 자금과 대출을 활용해서 구입한다. 보통 꼬마빌딩으로 증여할 때는 채무까지 물려주는 부담부증여를 이용하는데, 증여 목적으로 꼬마빌딩을 구입할 때는 대출을 너무 많이 받아도 안 된다. 대출은 최대 공시 가격 정도만 받는 것이 좋다. 왜냐하면 세법에서 저당권 등이 설정된 부동산은 시가 또는 보충적 평가 방법으로 평

가한 가액과 다음의 규정에 의한 평가액 중에서 큰 금액으로 평가하기 때문이다. 부동산의 가치를, 최소한 그 부동산을 담보로 빌린 돈의 금액만큼은 된다고 보는 것이다.

이 꼬마빌딩은 공시지가를 낮게 평가받아서 증여하기 위한 목적으로 구입했기 때문에, 대출은 공시지가를 초과하지 않아야 한다. 그래서 대출은 공시가격보다 낮은 15억 원까지만 받아야 한다.

〔표〕 저당권 등이 설정된 부동산의 비교가액

설정된 권리	비교하는 가액
저당권, 질권 설정 시	당해 재산이 담보하는 채권
근저당권 설정 시	당해 재산이 담보하는 채권
전세권(임차권) 설정 시	등기된 전세권(임대보증금)

이 꼬마빌딩은, 취득세 3.22억 원을 포함하여 73.22억 원에 구입하면서 대출을 15억 원을 받았으므로 실제 자기자금은 58.22억 원이 있어야 하는 셈이다.

총 73.22억 원을 들여서 꼬마빌딩을 구입했다. 그런데 시가의 범위로 볼 수 있는 최대 기간인 2년이 지나면 과거에 구입한 가격인 70억 원은 더 이상 시가가 아니다. 그러니 시가가 없는 상황에서는 감정평가액을 적용할 수 있다.

그런데 2년 전 꼬마빌딩을 매입할 때 대출받기 위해 평가받은 감정평가가액이 있을 수도 있다. 하지만 그 감정평가액은 2년 전의 감정가액이므로 역시 시가의 범위 안에 있지 않다. 이제는 남은 평가 방법은 기준시가뿐이다.

70억 원에 구입할 당시(2년 전)의 공시가격은 토지 16억 2,800만 원, 건물 1,056만 원이었고, 2년 동안 공시가격이 연간 약 7.5%씩 상승해서 토지 18억 8,500만 원, 건물 1,222만 원이 됐다.

구입 후 2년이 지나 보충적 평가 방법으로 평가하면, 꼬마빌딩은 18억9,726만 원으로 평가된다. 70억 원에 구입한 건물이 자녀에게 증여할 때 19억 원으로 평가된다면 51억 원의 평가금액이 사라진 것과 다름없다. 그렇기 때문에 평가 금액이 줄어든 만큼 증여세도 줄어들게 되는 것이다.

70억 원의 꼬마빌딩을 살 때 대출 15억 원을 활용하여 구입했으므로, 대출금을 제외한 실제 투자금액 55억 원을 현금 증여하는 경우와 비교해보자.

〔표〕 꼬마빌딩을 활용한 증여의 예시

구분	55억 원 현금증여	꼬마빌딩 단순증여	꼬마빌딩 부담부증여
증여세	2,151,750,000	549,960,673	56,480,336
양도소득세 (지방소득세 포함)			62,988,825
취득세(1차)		322,000,000	322,000,000
취득세(2차)		75,890,597	87,274,187
총 세금 부담액	2,151,750,000	947,851,270	528,743,348

▶ (단위: 원)

일찍 준비할수록 절세 효과가 큰 증여와 상속

계산 과정이 지나치게 복잡하여 생략했지만, 현금을 증여받은 경우와 비교하면 단순증여를 할 때 약 12억 원을 절세할 수 있고, 부담부증여를 하면 무려 16억 원이 넘게 절세된다. 수익성이 떨어지는 단점에도 자산가들이 꼬마빌딩을 계속 찾는 이유가 여기에 있다.

물론 꼬마빌딩을 이용해서 증여하는 경우의 유일한 단점은 취득세를 두 번 부담해야 한다는 것이다. 최초 취득할 때 취득세를 한 번 부담하고, 증여할 때 취득세를 한 번 더 부담한다.

Summary

❶ 임대수익과 자본차익도 노릴 수 있는 서울 지역 50억 원 이하의 빌딩을 '꼬마빌딩'이라고 부른다.

❷ 꼬마빌딩은 구입 후 2년이 지나면 시가를 따지기 어려워져, 보충적 평가 방법인 공시가격으로 가격을 평가한다. 이 과정에서 꼬마빌딩의 평가 금액이 낮아지기 때문에 절세가 가능하다.

❸ 꼬마빌딩을 이용한 증여의 유일한 단점은 취득세를 두 번 부담해야 한다는 것이다.

자금 출처 조사란?

증여세와 상속세는 다른 세금과 달리 자진 신고한 것으로 끝나지 않고 반드시 모든 신고 내용을 전수조사하는 것이 원칙이다. 그런데 상속세와 달리 증여세는 신고하면 대부분 별도의 세무조사 통지를 받지 않고 신고 내용을 인정받는다. 그러나 증여를 받았음에도 증여세 신고를 자진해서 하지 않으면 관련 세무조사 통지서를 받을 가능성이 높다.

일반적으로 국세청에서는 재산 취득에 대한 자금 출처 조사를 통해서 증여세 관련 세무조사를 한다. 결국 자금 출처 조사란, 증여를 받았음에도 증여세 신고를 하지 않을 때 받는 세무조사다.

자금 출처 조사의 대상

자금 출처 조사를 받는 대상은 어떻게 선정되는 걸까. 국세청에서
는 소득·지출 분석 시스템(PCI)를 활용해서 자금 출처 조사대상자
를 선정한다. 소득·지출 분석 시스템은 국세청이 보유하고 있는 과
세 정보 자료를 체계적으로 통합·관리해서, 일정 기간 동안의 신
고 소득과 재산 증가 및 소비지출액을 비교·분석하는 빅데이터 활
용 프로그램으로, 2009년도 말에 도입됐다. 쉽게 말해 본인이 벌어
서 쓸 수 있는 소득보다 많이 소비하고 많은 재산이 증가한 경우에
소득을 줄여서 신고했거나 증여를 받았지만 신고하지 않은 것으로
보는 것이다.

이렇게 소득·지출 분석 시스템에 의해 세무 조사 대상자로 선정
된다고 해서 바로 세무조사를 받는 것은 아니다. 일단은 대개 '자금
출처 해명 안내문'을 먼저 받는다. 국세청이 자금 출처 해명 안내문
을 보낼 때는 보통 5년간의 자금 흐름을 서면으로 분석해서 자금
운영과 자금 원천에 대해 소명할 것을 요구한다. 즉, 대상자의 금융
자산, 부동산, 신용카드 사용 내역, 대출 상환 내역 등을 분석하고
5년간의 소득 신고 내역, 부동산 매각 등의 양도소득세 신고 내역,
증여 신고 내역 등을 비교해서 그 차이에 대한 소명을 요구하는 것
이다.

자금 출처 해명 안내문을 받고 해명 자료를 제대로 제출하면 혐

의 없음으로 끝날 수도 있지만 대부분은 실제 세무조사를 받는 경우가 많다.

금융정보분석원

국세청은 소득·지출 분석 시스템을 운용해왔지만, 금융 정보 접근이 제한된 상황에서는 활용도가 떨어질 수밖에 없었다. 그런데 2013년 11월 14일부터 조세 탈루 혐의 확인을 위한 조사 업무 및 조세체납자에 대한 징수 업무에 금융정보분석원의 금융 정보 자료를 활용할 수 있게 되면서 소득·지출 분석 시스템의 더욱 정밀한 활용이 가능해졌다.

금융정보분석원이 국세청에 넘기는 자료는 크게 네 가지다.

의심거래보고(Suspicious Transaction Report, STR)는 시중 은행 등 금융기관이 주관적으로 포착한 자금 세탁 거래 정보다. 고액현금거래보고(Currency Transaction Report, CTR)는 하루에 우리 돈 2,000만 원 이상을 입출금한 내역이다. 외화 입출금 정보는 1만 달러 이상을 기준으로 따로 수집한다. 이와 별도로 금융정보분석원은 미국·중국·영국·일본 등 해외 54개국의 금융정보분석원이 현지에서 수집한 정보도 확보할 수 있다.

국세청은 자체 과세정보자료와 금융정보분석원의 금융 정보 자료 및 다른 행정기관의 자료까지 확보한 상황에서 빅데이터를 활용한 조사분석기법을 더욱 고도화하기 위해서 2019년까지 '빅데이터센터' 설립을 목표로 하고 있다.

빅데이터센터의 설립 목적 중 하나는 지능적인 탈세 행위와 고의 체납에 엄정 대응하는 것이다. 그렇기 때문에 갈수록 편법 증여는 어려워질 예정이다.

어려울수록 기본으로 돌아가라는 말이 있다. 이제는 편법이나 묘수보다 10년 단위의 증여, 분산증여, 우량한 자산의 우선증여 등 기본에 충실한 방법을 통해 상속 플랜을 세우는 것이 현명한 절세 방법이다.

아는 만큼 돈 버는 부동산 절세 전략

초판 1쇄 인쇄 2018년 3월 21일   초판 3쇄 발행 2018년 4월 30일

지은이 이상혁
펴낸이 연준혁

출판 2본부 이사 이진영
출판 6분사 분사장 정낙정
책임편집 이경희
디자인 림霖design

펴낸곳 (주)위즈덤하우스 미디어그룹 출판등록 2000년 5월 23일 제13-1071호
주소 경기도 고양시 일산동구 정발산로 43-20 센트럴프라자 6층
전화 031)936-4000 팩스 031)903-3893 홈페이지 www.wisdomhouse.co.kr

값 15,000원 ISBN 979-11-6220-326-2 13320

ⓒ 이상혁, 2018

* 잘못된 책은 바꿔드립니다.
* 이 책의 전부 또는 일부 내용을 재사용하려면
  사전에 저작권자와 (주)위즈덤하우스 미디어그룹의 동의를 받아야 합니다.

국립중앙도서관 출판시도서목록(CIP)

아는 만큼 돈 버는 부동산 절세 전략 / 지은이: 이상혁. —
고양 : 위즈덤하우스 미디어그룹, 2018
    p. ;   cm

ISBN 979-11-6220-326-2 13320 : ₩15000

부동산세[不動産稅]
절세[節稅]

329.43-KDC6
343.0546-DDC23   CIP2018007704